work in progress
Analysen und Geschichten zur Zukunft der Arbeit

Herausgegeben von Bruno Meier und Peter Kuntner

2007 hier + jetzt, Verlag für Kultur und Geschichte, Baden

Beat Gloor: **Ein Kapitel aus der Weltgeschichte**	**7**
Wolfgang Bortlik: **Poesie-Arbeit**	**10**
Ueli Mäder: Zweidrittelsgesellschaft – warum nicht? Existenzsicherung für alle, aber wie?	11
Beat Gloor: **Jamie und Steff**	**21**
Jeannine Hangartner: **GrenzWache, eine Fotoreportage**	**25**
Wolfgang Bortlik: **Lasciate ogni speranza**	**38**
Anette Wittekind, Marius Gerber: Zufrieden mit sich und der Arbeit. Arbeitszufriedenheit – ein wichtiger Pulsmesser für die Befindlichkeit der Mitarbeitenden	39
Esther Spinner: **Vorstellungsgespräch**	**51**
Wolfgang Bortlik: **Wertschaffung**	**60**
Michael Marti, Stephan Osterwald: Herrscht Unsicherheit auf dem Arbeitsmarkt? Flexible Arbeit und Prekarität	61
Michel Mettler: **Die Probesitzer von Rabenau**	**75**

Wolfgang Bortlik: **Schwund**	82
Daniel C. Aeppli: Ausgrenzung oder Integration. Was geschieht nach der Aussteuerung?	83
Paul Steinmann: **Die letschte Zwee. E Puure-Szene**	95
Wolfgang Bortlik: **Dreckarbeit**	102
Theres Egger, Jürg Guggisberg: diskriminiert oder chancengleich? Migrantinnen und Migranten auf dem Schweizer Arbeitsmarkt	103
Karin Richner: **frost – ein tagebuch**	115
Jeannine Hangartner: **ABC Arbeit, Bedürfnis und Chance, eine Fotoreportage**	127
Wolfgang Bortlik: **Care**	138
Heidi Stutz: Cash und Care. Die etwas anders gestellte Gleichstellungsfrage	139
Beat Gloor: **Kurzarbeiten**	155
Weiterführende Literatur	156

Ein Kapitel aus der Weltgeschichte

Beat Gloor

1959 geboren, lebt in Baden. Er arbeitet im Textbausteinbruch (www.textcontrol.ch)

und interessiert sich für alle Formen des Schreibens und Denkens.

Als Gott die Welt schuf, war alles einfach. Die Erde war eine Scheibe, Pi betrug exakt 3, und die Menschen verstanden einander.

Aber eines Tages begann ein Murren unter ihnen, und nach ausgiebigen Diskussionen trat der Mutigste vor den Allmächtigen: «Ähm ... hör mal, Lieber Gott, das ist ziemlich gefährlich, dass es da bei den Rändern einfach so runtergeht. Könnte man nicht eventuell die Erde rund machen, eine Kugel, verstehst du?»

Und Gott sah, dass es gut war, saugut sogar, wirklich nicht übel, die Idee. Er lächelte über die Findigkeit seiner Geschöpfe und formte die Erde zu einer Kugel.

Kurze Zeit später standen sie wieder da. Sie wollten jetzt Kreise berechnen, und dazu musste Pi von 3 zu 3,14159 abgeändert werden. Gott sah keinen Grund, ihnen den Gefallen nicht zu tun.

Von jetzt an wurden immer neue Bitten vorgetragen. Gott rückte hier etwas zurecht, stellte da etwas um, besserte dort etwas aus, führte die Glühbirne ein, ermöglichte den Fahrstuhl, kam langsam ins Schwitzen, verlor den Überblick, arbeitete und fluchte nun schon fast Tag und Nacht, verwickelte sich in Widersprüche, und am Ende ging gar nichts mehr.

Da versetzte er der Erde, die er sich zur Unterhaltung erschaffen hatte, einen göttlichen Tritt, und während die letzten, in sich widersprüchlichen Kapitel der Kernphysik geschrieben werden, torkelt die Erde mit schiefer Achse wie ein verbogener Blechkreisel durchs All.

Wolfgang Bortlik

geboren 1952 in München, ging in Aarau zur Schule, studierte in München und Zürich und lebt mit Familie in Riehen bei Basel. Er hat drei Romane, einen Band mit Sportgedichten, eine literarische Fälschung und mehrere CDs mit Text und Gesang veröffentlicht.

Poesie-Arbeit

Des Dichters Arbeit ist das Dichten
Die Worte schön zu Versen richten
Zu Strophen hin zu feilen Lieder
Zum Reime schrauben noch rigider

Gesänge eingefüllt in Formen
Gestreng nach der Poeten Normen
Geschmiedet ohne Umweltschäden
Gezogen an ganz langen Fäden

Der Dichter baut und mauert auch
Er nagelt, hämmert, flickt den Schlauch
Wenn mal ein Rhythmus klemmt kokett

Der Dichter schneidet, sägt und schnitzt
Bis endlich alles richtig sitzt
Und dann, dann gibt es ein Sonett

11
Zweidrittelsgesellschaft – warum nicht?
Existenzsicherung für alle, aber wie?

> Ueli Mäder
> ist Professor für Soziologie an der Universität Basel,
> Dekan der Philosophisch-Historischen Fakultät und Dozent
> an der Hochschule für Soziale Arbeit (FHNW).

Die Gesellschaft spaltet sich. Die einen haben zu viel, die andern zu wenig Erwerbsarbeit. Mit der Verteilung hapert's. Da fragt sich: Was geschieht, wenn das so weiter geht? Die soziale Brisanz nimmt zu. Aber mit welchen Folgen? Es gibt Anzeichen dafür, dass sich bei sozial Benachteiligten Resignation und depressive Verstimmung in Empörung verwandeln. Dabei interessiert, ob sich mit der Wut die Bereitschaft von Armutsbetroffenen erhöht, sich für eigene Interessen einzusetzen? Das könnte auch deshalb der Fall sein, weil Marginalisierte wahrnehmen, keine Minderheit zu sein. Sozialpolitisch stellt sich die Frage: Was tun, wenn der Erwerbsgesellschaft – dank Produktivitätssteigerung – die Erwerbsarbeit ausgeht? Eröffnen sich so in der Arbeitswelt neue, hoffnungsvolle Perspektiven für die viel beklagte Zweidrittelsgesellschaft?

Ich gehe zuerst am Beispiel einer Bankenfusion darauf ein, wie sich die Arbeitswelt wandelt. Dann erörtere ich, was die Spaltung der Gesellschaft bedeutet, die sich derzeit abzeichnet. Im Hauptteil meines Beitrags beziehe ich mich auf unterschiedliche Vorschläge, die Existenz zu sichern. Die einen halten dafür, die Erwerbszeit radikal zu reduzieren und besser auf alle Werktätigen zu verteilen. Andere wollen die Erwerbsarbeit und das Einkommen voneinander entkoppeln und die Grundsicherung ausweiten. Diese beiden Strategien befinden sich im Widerstreit. Sie lassen sich aber auch miteinander verknüpfen.

────────────── **Mehr Umsatz mit weniger Personal**

Eine Schweizer Grossbank betraute die Soziologin Andrea Buss Notter damit, die sozialen Folgen ihrer Umstrukturierung zu untersuchen. Die Arbeit ist als Dissertation im Konstanzer Universitätsverlag erschienen. «Soziale Folgen ökonomischer Umstrukturierungen» lautet der Titel. Auslösendes Ereignis war die Fusion von zwei Schweizer Grossbanken. Synergien in der Logistik und im Verkauf sollten die Kosten senken und 3000 bis 4000 Arbeitsplätze einsparen – vorwiegend durch Frühpensionierung, natürliche Fluktuation und einen Anstellungsstopp. Die Bank löste zunächst die früheren Arbeitsverträge auf und besetzte dann die neuen Stellen top-down. Tausend *schwierige Fälle* liess sie durch die interne Organisation für berufliche Neuorientierung und Laufbahnfortsetzung (BNL) betreuen. Andrea Buss Notter interviewte hundert aktuelle und ehemalige Angestellte der Bank.

Der Druck der Aktionäre, neue Technologien sowie deregulierte globale Märkte motivierten die beiden Schweizer Banken, zu fusionieren und mit weniger Personal den Umsatz beziehungsweise die Produktivität und Kapitalrendite zu steigern. Seit 1990 nahmen im inländischen Bankensektor insgesamt die Beschäftigten um über zehn Prozent auf immerhin noch rund hunderttausend ab. Interessant ist nun, was nach der Fusion mit den tausend von der BNL betreuten Personen geschah. 25 Prozent bekundeten trotz erhaltener Verträge erhebliche Integrationsprobleme. 25 Prozent fanden erst durch die Betreuung neue, teilweise befristete Stellen innerhalb der Bank. 15 Prozent wurden extern vermittelt. 25 Prozent entschieden sich für einen Austritt mit finanzieller Entschädigung. Fünf Prozent wählten die Selbständigkeit. Bei drei Prozent kam es zu Kündigungen (zwei Prozent durch die Angestellten, ein Prozent durch die Bank). Zwei Prozent der Fälle blieben bis Projektende unerledigt.

Die Wahrnehmungen der befragten Bankangestellten dokumentieren aktuelle Tendenzen im Wandel der Finanzwelt. Er führt, stark typisiert, von der paternalistischen Familien- und Gemeinschafts- zur Marktlogik. Langjährige Anstellungen weichen dem rasch kündbaren Job. Angebot und Nachfrage entscheiden über die Ware Arbeit. Rationales Kalkül ersetzt das wertorientierte Gewohnheitsrecht, auch im Arbeitsvertrag. Der Statusvertrag mutiert zum Zweckvertrag. Er gilt, anders als in der Ehe, vorwiegend in guten Tagen. Die neue Bank übernimmt weniger öffentliche Aufgaben von universellem Interesse. Sie ist ein privates Unternehmen wie jedes andere. Die Firmenkultur verabschiedet viel Kontinuität. Sie verlangt mehr Risiko und Flexibilität. Das führt zu biografischen Brüchen. Die geforderte Mobilität tangiert die territoriale Identität. Sie vermittelt ein schier fatalistisches Gefühl, externen Marktzwängen ausgeliefert zu sein.

Arnold Vetterli arbeitete fünfzehn Jahre lang bei der einen Bank und ist seit der Fusion weiterhin im Überwachungsdienst tätig, allerdings im Auftrag einer ausgelagerten Firma. Früher gehörte er zur Familie. Die jetzige Führung erlebt er als anonymer. Das wirke sich auch auf die Beziehungen zu den Kunden aus, denen er heute in der Tiefgarage kaum mehr die Autoscheiben putze. Der nur noch befristete Arbeitsvertrag bereite ihm Bauchgrimmen und schlaflose Nächte. Ähnliches berichtet Frieda Marti. Sie erkrankte trotz interner Platzierung. Nach dem Umzug des Dienstleistungszentrums, das vielleicht ganz aufgelöst wird, sollte die 50-jährige Halbtagsangestellte einen mehrstündigen Arbeitsweg auf sich nehmen. Die ungewisse Zukunft habe auch die Kollegialität untereinander stark beeinträchtigt. Alessandro Petermann avancierte in seiner 25-jährigen Bankkarriere vom Filialleiter zum Direktor. Das Angebot, nach der Fusion eine regionale Verantwortung zu übernehmen, schlug er aus. Heute ist er selbständig beratend tätig und *verletzt:* «Man engagiert sich für die Bank, manchmal bis abends spät oder samstags, sogar am Sonntag. Manchmal fragt man sich schon, weshalb man das alles gemacht hat.»

«Heute gilt alles nur noch so lange, bis wieder etwas Neues kommt», stellt Thomas Mangold fest. Als gut bezahlter Projektleiter profitiert er zwar von der permanenten Modernisierung der Bank, problematisiert aber den Rückgang an Loyalität, Respekt und Vertrauen. Mit Anomie bezeichnete Soziologe Emil Durkheim vor gut hundert Jahren eine Orientierungslosigkeit, die sich durch den Verlust von Normen und Regeln ergibt. Wenn heute Unternehmen bewährte Verbindlichkeiten aufkünden, unterlaufen sie jene motivierende Anerkennung, die Selbstwert und Sicherheit vermittelt. Dass sich eine Grossbank einer soziologischen Studie über die sozialen Folgen ihrer Umstrukturierung stellt, ist bemerkenswert und erfreulich. Die Ergebnisse weisen auf die Notwendigkeit hin, die Arbeitssituation der Mitarbeitenden möglichst verlässlich zu gestalten. Der Trend geht jedoch in eine andere Richtung. Trotz hoher Erwerbsintegration nehmen auch in der Schweiz die Anteile der Personen zu, die in prekarisierten Bereichen tätig sind oder über keine Erwerbsarbeit verfügen.

Soziale Brisanz des Wandels in der Erwerbsarbeit

Nach dem zweiten Weltkrieg konnten breite Bevölkerungskreise in der Schweiz ihre materielle Lage verbessern. Seit den rezessiven Einbrüchen der 1970er-Jahre lassen sich jedoch hinsichtlich sozialer Ungleichheit gegenläufige Entwicklungen feststellen. Erstens hat die Erwerbslosigkeit zugenommen. Zweitens halten Teile der nominell steigenden Löhne mit den Lebenshaltungskosten nicht Schritt. Drittens orientiert sich das relativ gute System der sozialen Sicherheit einseitig an der Erwerbsarbeit. Es beachtet auch den Wandel der Lebensformen – zum Beispiel die Zunahme der Alleinlebenden und Alleinerziehenden – zu wenig. Viertens erhöht sich die Kluft zwischen den oberen und unteren Einkommen und Vermögen.

In der Schweiz kommen auf 3,2 Millionen Haushalte 4,2 Millionen Arbeitsplätze. 78 Prozent der Personen im erwerbsfähigen Alter verrichten Lohnarbeit. Wir haben mit durchschnittlich 40,5 Stunden pro Woche eine der längsten Arbeitszeiten und mit 3,7 Prozent die fast niedrigste Arbeitslosenquote. Trotz hoher Erwerbsintegration gibt es rund 200 000 Erwerbslose und Ausgesteuerte, 220 000 Sozialhilfeabhängige und 140 000 Erkrankte, die aus psychischen Gründen auf eine IV-Rente angewiesen sind. Über 500 000 Personen leben ferner in working poor Haushalten. Das Ausschlusspotenzial erhöht sich. Also fragt sich: Was tun? Soll etwa, wenn sich der Arbeitsmarkt verknappt, die öffentliche Hand die Arbeitslosen finanzieren oder zusätzliche Arbeit – allenfalls sogar als Billigjobs – anbieten? Soll der Staat die Wirtschaft konkurrenzieren oder noch mehr subventionieren? Und wie steht es mit der Gewinnbeteiligung? Im Jahr 2005 erhöhten die Schweizer Firmen ihre Profite um weitere 18 Prozent auf 60 Milliarden Franken. Drei Prozent der privaten Steuerpflichtigen verfügen mittlerweile über gleich viel steuerbares Nettovermögen wie die restlichen 97 Prozent. Geld wäre also vorhanden, um die unteren Löhne anzuheben und die soziale Kluft zu überbrücken, die den sozialen Zusammenhalt gefährdet.

In der früheren Studie «Armut im Kanton Basel-Stadt» fiel uns ein starker Rückzug von sozial Benachteiligten auf. Sie übernahmen die Verantwortung für Verhältnisse, die primär gesellschaftlich verursacht sind. Wir erklärten uns diese Haltung durch den hohen Individualisierungsgrad; zudem durch die Tabuisierung der Armut. Diese führt dazu, dass Betroffene nach aussen den Anschein erwecken, alles sei in bester Ordnung. In unserer neueren Studie «Working poor in der Schweiz» deuten jedoch Aussagen von Betroffenen darauf hin, dass sich hier etwas verändert. Resignative Haltungen, die sich hinter den Fassaden verbergen, verwandeln sich in Empörung. Das mag mit der Transparenz sozialer Ungleichheiten zu tun haben, die Medienberichte herstellten. Wenn Eltern erleben, wie ihre Kinder keine Lehrstelle finden, während Manager hohe Saläre erzielen, empören sie sich. Ihre Wut fördert da und dort die Bereitschaft, sich mehr für eigene Interessen einzusetzen. Sie erhöht aber auch die Gefahr, Halt bei autoritären, populistischen Kräften zu suchen. Der sozialen Sicherheit kommt daher eine entscheidende Bedeutung zu.

Grundsicherung für alle – aber wie?

Am 24. November 2006 feierte die Universität Basel ihren Dies Academicus. Abends war im Landgut Castelen ob Augusta Raurica Ralf Dahrendorf zu Gast. Der renommierte Soziologe wirkte viele Jahre als Direktor der London School of Economics. Seit geraumer Zeit postuliert er ein «Bürgergeld», das, über progressive Steuern finanziert, durchaus etwas kosten dürfe. Denn Freiheit setze Sicherheit voraus. Das beteuerte der Liberale auch am 17. Dezember 2005 in der Sternstunde Philosophie im Schweizer Fernsehen. Darauf angesprochen, was der von ihm postulierte schlanke Staat umfasse, nannte er eine Staatsquote von 35 Prozent bis 45 Prozent des Brutto-Sozialproduktes und lobte die Schweiz dafür, sich innerhalb dieser Grenzen zu bewegen.

Ein recht umfassendes Modell für ein «Garantiertes Mindest-Einkommen» (GME) liegt seit geraumer Zeit vor. Susann Leuzinger-Naef und Eva Ecoffey haben es – mit einer Arbeitsgruppe der Sozialpolitischen Kommission der Sozialdemokratischen Partei Schweiz – verfasst. Der Grundsatz lautet: Alle in der Schweiz wohnhaften Erwachsenen haben Anspruch auf ein GME, das zusammen mit ihrem autonomen Einkommen ihren finanziellen Existenzbedarf deckt. Die Berechnung erfolgt nach Haushalt (Anreiz-Variante). Eine Katalog-Variante schränkt den Kreis der möglichen Bezügerinnen und Bezüger auf jene ein, die unfreiwillig erwerbslos sind, zu wenig verdienen, bereits heute Sozialleistungen beziehen, eine gesellschaftlich notwendige Tätigkeit (wie Betreuungsarbeiten) verrichten und eine anerkannte Aus- oder Weiterbildung besuchen. Kein Anspruch hat, wer erwerbsfähig ist und eine Arbeit ablehnt, die der eigenen Qualifikation entspricht. Beide Varianten beinhalten einen rechtlichen Anspruch auf Leistungen. Gemeinsam ist ihnen die Verknüpfung mit Angeboten der beruflichen Eingliederung. Die während Jahrzehnten erkämpften Sozialleistungen werden auch keineswegs ersetzt oder unterlaufen. Unterstützung erhält, wer sie beantragt und die erwähnten Bedingungen erfüllt. Die Finanzierung erfolgt über die progressiven Steuern. Die geschätzten Kosten betragen weniger als ein Prozent des Bruttosozialproduktes, wenn sich das Existenzminimum am Ansatz der Ergänzungsleistungen orientiert.

Nehmen wir also einmal an, wir hätten ein GME. Wer will dann überhaupt noch arbeiten! So lautet ein häufiger Einwand. Aber sind materielle Anreize der einzige Grund für unsere Erwerbstätigkeit? Viele Rentnerinnen und Rentner möchten berufstätig sein. Arbeitslose und psychisch Kranke strengen sich enorm an, um eine Stelle zu finden. Verantwortung bringt soziales Prestige. Die Erwerbstätigkeit behält wohl auch mit einem GME ihren hohen Stellenwert. Abstriche wären durchaus zu verkraften und aus ökologischen Gründen sogar wünschenswert. Aber wer verrichtet dann noch die schlecht bezahlte *Drecksarbeit?* Nun, ein GME könnte dazu führen, unattraktive Arbeiten besser zu entlöhnen und zu verteilen. Aber würden dann die Unternehmen die Leistungsschwachen nicht einfach entlassen und so die Zweidrittelsgesellschaft stabilisieren? Ja, diese Gefahr besteht, allerdings auch ohne GME.

Für die berufliche und soziale Integration sind jedenfalls weitere Massnahmen nötig; wobei das GME auch unbürokratische Überbrückungshilfen gewährt. In etlichen Fällen lassen sich so langfristige Abhängigkeiten verhindern. Menschen, die in eine Krise geraten und keine Reserven haben, müssen mit einem GME nicht zuerst auf ein Niveau abdriften, das offizielle Hilfe erlaubt. Zudem werden sie – dank allgemeinem Rechtsanspruch – weniger stigmatisiert.

Das GME erweitert ferner persönliche Entscheidungsmöglichkeiten. Es entlastet von einem Anpassungsdruck, der dazu führt, dass sich sozial Benachteiligte gegenseitig aufreiben. Soziale Risiken werden auf die ganze Gesellschaft verteilt. Die Rückendeckung ermuntert die Individuen, selbst mehr Verantwortung zu übernehmen. Sie ermöglicht es, Kräfte gezielt und konstruktiv einzusetzen. Zudem relativiert das GME die einseitige Erwerbsorientierung, die soziale Fertigkeiten verkümmern lässt. Es vermindert auch psychosomatische Erkrankungen. Denn wer Freiräume hat, leidet weniger. Das GME entlastet auch die Sozialhilfe. Aufwändige Abklärungen über die Berechtigung von Ansprüchen entfallen. Das *liebe Geld* lässt sich weniger als Machtmittel einsetzen. Und die Sozialarbeit kann sich so mehr auf die soziale Integration und Prävention konzentrieren.

Aber aufgepasst: Unter heutigen Bedingungen führt ein GME dazu, dass die (Miet-)Preise steigen. Der Staat muss dann die Differenz übernehmen und zusätzliche Mittel für die Subvention der Spekulation ausgeben. Ohne Wirtschaft und Gesellschaft weiter zu demokratisieren, ist ein GME von beschränkter Reichweite. Damit sich Menschen möglichst selbst über Wasser halten können, benötigen wir ein Recht auf Arbeit, existenzsichernde Löhne und eine soziale Absicherung der Betreuungsaufgaben. Ferner ist die Debatte über das GME zu vertiefen. Sie dynamisiert die langwierige Diskussion über Reformen der Sozialversicherungen. Auch wenn noch viele Fragen offen sind, lassen sich bereits heute konkrete Schritte einleiten, beispielsweise die Existenzminima harmonisieren und den Lebenskosten anpassen.

● Keine Spaltung der Gesellschaft – durch ausgewogene Verteilung der Arbeit

Als ineffizient bezeichnen Arbeitgebende unser System der sozialen Sicherheit. Egal ob benötigt, bestünden allgemeine Rechtsansprüche auf Sozialleistungen. Die Dekretierung sozialer Rechte verdränge die Selbsthilfe. Notwendig sei eine konsequentere Anwendung des Bedarfsprinzips. Was ist dazu zu sagen?

Das heute dominante Kausalprinzip deckt nur bestimmte Risiken ab. Es gilt für das Alter, die Arbeitslosigkeit, einzelne Familienlasten, Krankheiten, für Unfälle, Invalidität und den Tod. Strukturelle Ursachen von Armut und sozialer Ungleichheit bleiben den Einzelnen und der Sozialhilfe überlassen. Dazu gehören Dauerarbeitslosigkeit, Langzeitkrankheit, Frühinvalidität, Wohnungsnot sowie die Absicherung von Betreuungs- und Hausarbeit. Das Kausalprinzip regelt die Ausgestaltung der Anspruchsberechtigung sowie die Höhe der Leistungen für jeden Risikotyp in einem eigenen Verwaltungssystem. Innerhalb dieses Systems überschneiden sich die Tätigkeiten. Abklärungs- und Abgrenzungsfragen beanspruchen viel Zeit. Eine Pauschalisierung der Leistungen könnte Kosten sparen. Dies nach einem umfassend ausgestalteten finalen Prinzip, das unbürokratisch Hilfe gewährt. Wer ins Wasser fällt, benötigt umgehende Unterstützung. Ich plädiere dafür, die Ergänzungsleistungen auf alle sozial Benachteiligten auszuweiten. Eine solche Grundsicherung knüpft an die derzeitige soziale Sicherung an und vereinfacht die Prozedere, ohne bestehende Leistungen zu unterlaufen.

Aber läuft die rigorose Wohlfahrt nicht Gefahr, die Selbsthilfe zu verdrängen? Der Soziologe Pierre Bourdieu geht in seinem Werk über «Das Elend der Welt» auf diese Frage ein. Er zeigt auf, wie sozialstaatliche Hilfe familiäre Bande und gemeinschaftliche Solidarität teilweise überlagerte und durch neue Abhängigkeiten ersetzte. Dieser Verdrängungsprozess lässt sich kritisieren, aber kaum rückgängig machen. Ein Abbau bestehender institutioneller Strukturen führte dazu, soziale Lasten auf Einzelne abzuwälzen. Das würde vor allem jene überfordern, die über wenig Ressourcen verfügen und auf Unterstützung angewiesen sind. Eine gute soziale Infrastruktur kann dazu beitragen, eigene Anstrengungen zu fördern und Kräfte gezielt einzusetzen. Bei der so ermöglichten Selbsthilfe handelt es sich um ergänzende Leistungen. Sie sind kein Ersatz für sozialstaatliche Leitplanken. Zu wenig Hilfe überfordert, zu viel Hilfe lähmt und bevormundet. In der Schweiz ist die Subsidiarität immer noch stark ausgeprägt. Sie verlangt eine Solidarität, die eine Spaltung der Gesellschaft verhindert. Eine möglichst ausgewogene Verteilung der Arbeit ist zentral, aber nur beschränkt möglich. Die Tendenz zur Zweidrittelsgesellschaft bleibt wohl bestehen. Daher ist eine rechtlich verbriefte Grundsicherung unabdingbar. Sie unterstützt die soziale Integration und verbessert die Chancen, persönliche Wertschätzung auch ausserhalb der Erwerbsarbeit zu finden. Das ist gewiss nicht einfach. Aber die Sinnfrage stellt sich auch, wenn wir von früh bis spät malochen. Nur merken wir's dann weniger.

Jamie und Steff

Beat Gloor

Erinnert ihr euch noch an Jamie? Jamie hat sein Leben lang Computer bedient, bis er sich eines Tages gesagt hat, Wahnsinn, was Leute mit Computern so alles anstellen, aber was ihn noch mehr interessiert hätte, war, wie es wohl umgekehrt wäre. Klar, dass ihm das zu gefährlich war, zu sehen, was Computer mit Menschen anstellen, na, vielleicht hatte er auch bloss ein schlechtes Gewissen, vielleicht fürchtete er sich vor der Rache der kleinen Dinger, the machine strikes back, haha, jedenfalls beschloss er, erst mal zu sehen, was denn Computer mit Computern so alles anstellen würden, und kaufte sich ein paar dieser Kisten und nahm Auslaufmodelle vom Büro nach Hause, was weiss ich, jedenfalls hatte er schon bald eine ganze Menagerie in der Werkstatt, was sage ich, einen verdammten Zoo hat er sich zugelegt und ihn im Schuppen installiert, und dann hat er die Viecher miteinander verbunden und ihnen das Reden beigebracht, Zahlen austauschen oder Code, Musik, Texte, aber das hat ihm nicht gereicht, er wollte auch, dass ein Computer einen anderen dazu bringen kann, etwas zu sagen, und sogar, dass einer den andern dazu bringen kann, einen dritten dazu zu bringen, etwas ganz Bestimmtes zu sagen und so weiter, also baute er ihnen Zufallsgeneratoren ein, das schien ihm dem wirklichen Leben am nächsten zu kommen, diesem Romantiker, jedenfalls ging er eines Nachts nach Hause, die Computer waren alle an wie jeden Abend, aber diesmal hatte er den Bogen wohl überspannt, vielleicht die Grenzwerte der Zufallsgeneratoren nicht eng genug eingestellt, jedenfalls produzierten die zufallsgesteuerten Zufälle immer dreistere Manipulationen der Maschinen untereinander, sie begannen einander umzuprogrammieren, sich selbst immer weiter ineinander hinein zu manipulieren, einander lahmzulegen, aus Selbstschutz oder aus Angst, oder aus kalter Berechnung oder einfach aus Interesse, was Computer mit Computern so alles anstellen, wer kann das wissen, jedenfalls scheint sich die ganze Evolution seit der Entwicklung der Arten in einer einzigen Nacht sozusagen im Zeitraffer noch einmal vollzogen zu haben, und als Jamie am nächsten Morgen die Tür öffnete, hatte er in seiner Werkstatt bloss noch einen Haufen tote Computer.

«Was mich am Computer interessiert», sagt Steff, «ist seine Unwirklichkeit. Die Unwirklichkeit einer Maschine, die keinen Lärm macht, nicht stinkt und ausser Ideen nichts produziert. Stell dir vor, du zeichnest einen Kreis auf den Bildschirm. Der Kreis wächst, wird grösser, und auch wenn er nach einigen Sekunden auf dem Bildschirm nicht mehr zu sehen ist, existiert er doch immer noch, und du weisst, dass er noch existiert und immer grösser und grösser wird... Oder digitale Romanfiguren: Prográmmchen erhalten Informationen, verarbeiten sie und geben sie in neuer Form an andere weiter...»

Mir kommt das seltsam vor. «Ich bin vielleicht altmodisch, aber was mich interessiert, ist, was diese Programme miteinander reden. Erzeugen sie Text oder Musik oder Spannungen oder was? Und wegen dem Kreis: Wo befinden sich denn mittlerweile die Wellen unserer ersten Fernsehsendungen? Haben Hoss und Little Joe von ‹Bonanza› unser Sonnensystem schon verlassen? Da brauche ich doch keinen Computer, um mir das vorzustellen...»

Steff überlegt eine Weile. «Ich glaube, du bist wirklich altmodisch. Darum geht es doch gar nicht. Es geht um viel weniger. Es geht eigentlich bloss um den Unterschied zwischen Null und Eins.»

GrenzWache

Jeannine Hangartner

1982, Fotoschaffende, ist fasziniert vom Grenzland. Sie lebt in Aarau und hat eine Fotografie-Ausbildung am Emily-Carr-Institute in Vancouver, Kanada, gemacht.

In einer zunehmend globalisierten Welt verschieben sich die Grenzen in neue, teils rein virtuelle Bereiche. Entsprechend verändert sich auch die Aufgabe der Grenzwache. Trotzdem gehört auch heute noch «Handarbeit» zum Alltag. In der uns vertrauten Form wird diese Arbeit vielleicht aber bald ein Phänomen der Vergangenheit sein. Wodurch werden wir sie ersetzen?

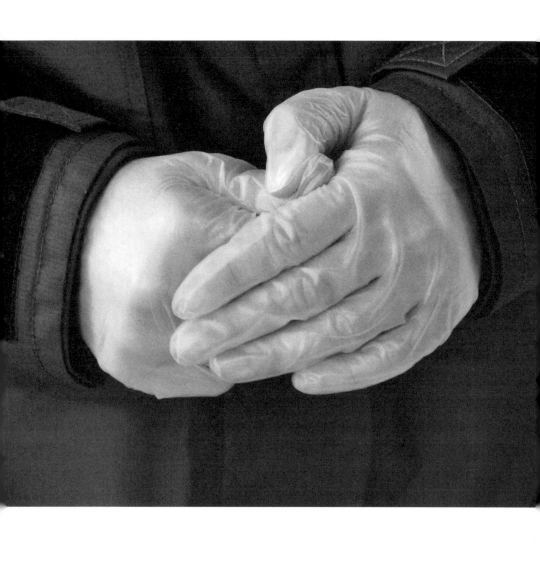

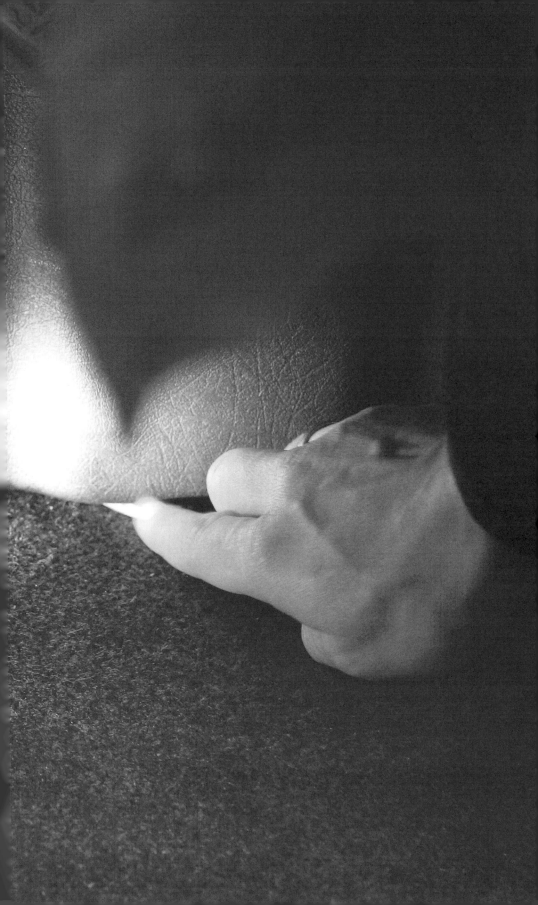

Wolfgang Bortlik

Lasciate ogni speranza

Wer wusste je das Leben recht zu fassen
Wer hat ein Drittel nicht davon verloren
In hohen Hallen hinter festen Toren
Von guten Geistern ist man dort verlassen

Als hätte man die Zeit grad zum verprassen
Als hätt mans höhrem Wesen glatt geschworen
So muss man Schweissen, Hämmern, Löten, Bohren
An Tischen, Theken, Bändern und auch Strassen

Die Arbeitskraft verkauft, dazu die Seele
An Herren, gut genährt und wohl gekleidet
Ihr schafft den Wert, das Mehr, das ich befehle

Fabrik, das Wort klingt wie ein spitzes Drohen
Ein Messer in der Hand, das heillos schneidet
Für alle die, die nicht bei Zeit geflohen

Zufrieden mit sich und der Arbeit
Arbeitszufriedenheit – ein wichtiger Pulsmesser
für die Befindlichkeit der Mitarbeitenden

> Anette Wittekind, Dipl.-Psych., Marius Gerber, lic. phil.,
> sind wissenschaftliche Mitarbeiter am Departement für Management,
> Technologie und Ökonomie der ETH Zürich.

Schweizer Arbeitnehmende sind zufrieden mit ihrer Arbeit. Dies zeigen die Ergebnisse des Schweizer HR-Barometers, einer Studie der Universität und ETH Zürich. Ein sehr erfreuliches Ergebnis, denn Arbeitszufriedenheit wirkt sich positiv auf Commitment und psychische Gesundheit, hingegen negativ auf Kündigungsabsichten der Mitarbeitenden aus. Der vorliegende Beitrag zeigt – basierend auf Erkenntnissen des HR-Barometers – verschiedene Möglichkeiten auf, wie Unternehmen auch in Zukunft für eine hohe Arbeitszufriedenheit ihrer Mitarbeitenden sorgen können.

Die Schweiz erlebt derzeit, wie viele andere westliche Industrienationen, einen Wandel in Wirtschaft und Gesellschaft. In der Arbeitswelt ist dieser Strukturwandel charakterisiert durch den Wegfall von Betriebsgrenzen sowie der Veränderung von Organisationsstrukturen und -formen. Eine weitere Entwicklung liegt in der Ergänzung des traditionellen Vollzeit-Normalarbeitsverhältnisses durch neue Arbeits- und Beschäftigungsformen mit flexiblen Verträgen und Arbeitszeiten. Und schliesslich wandeln sich Erwerbsorientierungen derart, dass Arbeitnehmende zunehmend Selbständigkeit und Eigenverantwortung für ihre berufliche Laufbahn übernehmen. Doch in welchem Ausmass haben sich diese Veränderungen tatsächlich vollzogen? Welche Aussagen lassen sich diesbezüglich für die Schweizer Arbeitswelt machen?

Wie äussert sich Arbeitszufriedenheit eigentlich?

Der Schweizer HR-Barometer ist eine Studie der Universität und ETH Zürich, die jährlich knapp 1000 Arbeitnehmende telefonisch zu Hause befragt. Themen der Telefoninterviews sind unter anderem Human-Resource-Management, erlebte betriebliche Veränderungen, psychologische Verträge, Karriereorientierungen, Arbeitseinstellungen- und verhalten (zum Beispiel Arbeitszufriedenheit, Motivation und Kündigungsabsicht). Der HR-Barometer gibt damit Auskunft über den Ist-Zustand von Arbeitsbedingungen und Beschäftigungsbeziehungen in der Schweiz. Die jährliche Wiederholung der Befragung ermöglicht es zudem, oben aufgezeigte Veränderungsprozesse nachzuvollziehen und allfällige Empfehlungen für Unternehmen abzuleiten.

Im Folgenden steht die Arbeitszufriedenheit im Vordergrund, weil diese für Arbeitnehmende wie auch Arbeitgebende von grosser Relevanz ist. Zunächst wird Arbeitszufriedenheit definiert und ihre Bedeutung erläutert. Im Anschluss wird – anhand von Ergebnissen des HR-Barometers aus dem Jahr 2006 – aufgezeigt, wie zufrieden Schweizer mit ihrer Arbeit waren. Aufgrund weiterer Resultate wird dargestellt, wie Unternehmen auch in Zukunft für eine hohe Arbeitszufriedenheit ihrer Mitarbeitenden sorgen können. Im letzten Abschnitt wird diskutiert, welche Rolle Arbeitszufriedenheit in Zukunft spielen wird.

Arbeitszufriedenheit – Definition: Arbeitszufriedenheit bezeichnet positive Gefühle und Einstellungen einer Person gegenüber ihrer Arbeit. Positive Gefühle entstehen, wenn sich Arbeitsbedingungen und individuelle Ansprüche entsprechen. Zu Arbeitsbedingungen zählen Infrastruktur, Arbeitsmittel, Betriebsorganisation, Unternehmenspolitik, Führungsstil oder Eigenschaften der Arbeitsaufgabe (zum Beispiel Vielfalt, Abwechslungsreichtum) sowie deren Gestaltung (zum Beispiel hohe Eigenverantwortung). Jede Person bringt ihrerseits individuelle Ansprüche mit. Sie ergeben sich aus Persönlichkeit, aus früheren Arbeitserfahrungen oder aus Erfahrungen von Verwandten und Bekannten. Eine Person vergleicht ihre Ansprüche («Soll») und die Bedingungen die sie vorfindet («Ist»). Je nachdem wie gut Soll und Ist übereinstimmen, resultiert Arbeitszufriedenheit oder -unzufriedenheit.

Arbeitszufriedenheit – Bedeutung: Arbeitszufriedenheit ist für Unternehmen von grosser Bedeutung, da sie auf zahlreiche Aspekte, wie etwa Fehlzeiten, Fluktuation, Motivation, Leistungsbereitschaft oder Gesundheit der Beschäftigten Einfluss nimmt. Anhand der Stichprobe des HR-Barometers wurde überprüft, ob diese Bedeutung der Arbeitszufriedenheit auch für die befragten Schweizer Arbeitnehmenden nachgewiesen werden kann. Die Auswertungen zeigen, dass Arbeitszufriedenheit sich deutlich auf die Kündigungsabsichten, das Commitment und die psychische Gesundheit der Befragten auswirkt. Für die psychische Gesundheit, die Höhe des Commitments und die Stärke der Kündigungsabsichten ist die Arbeitszufriedenheit weitaus bedeutsamer als andere mögliche Einflussfaktoren wie zum Beispiel Alter, Ausbildung oder erhaltene Personalentwicklung. Insgesamt konnten die genannten Folgen von Arbeitszufriedenheit also auch für die im HR-Barometer untersuchte Stichprobe von Schweizer Arbeitnehmenden bestätigt werden.

Zufriedenheit im traditionellen Arbeitsverhältnis

Angesichts der grossen Bedeutung von Arbeitszufriedenheit stellt sich die Frage, wie der Ist-Zustand der Arbeitszufriedenheit bei Schweizer Beschäftigten zu beschreiben ist. Im HR-Barometer mussten die Befragten angeben, wie zufrieden sie mit ihrer Arbeit sind, wobei 1 für eine sehr niedrige und 10 für eine sehr hohe Zufriedenheit stand. Im Jahr 2006 lag der Durchschnittswert aller Befragten bei 7,57. Insgesamt können Schweizer Erwerbstätige also als zufrieden betrachtet werden.

Dieses positive Ergebnis lässt die Vermutung aufkommen, dass Schweizer Arbeitnehmende den oben beschriebenen Wandel der Arbeitswelt erfolgreich mittragen. Hierzu sind weitere Erkenntnisse des HR-Barometers zu nennen:

– 91,4 Prozent der Befragten waren unbefristet beschäftigt, während nur 8,6 Prozent befristet angestellt waren.

– Die durchschnittliche Anstellungsdauer im Unternehmen betrug 10,7 Jahre.

– Lediglich 24,5 Prozent hatten in den letzten zwölf Monaten eine Reorganisation erlebt, 15,2 Prozent berichteten über Personalabbau in der eigenen Abteilung.

– Nur 19 Prozent der Befragten berichteten eine eigenverantwortliche Karriereorientierung, das heisst legen besonderen Wert auf Eigenverantwortung, Flexibilität und Selbständigkeit.

Diese Ergebnisse deuten darauf hin, dass für viele der Befragten der postulierte Wandel der Arbeitswelt noch nicht im vorhergesagten Ausmass eingetroffen ist. Ein hoher Anteil scheint wenige betriebliche Veränderungen zu erleben und nach wie vor einen unbefristeten Vertrag zu haben, wie er für ein *traditionelles* Arbeitsverhältnis typisch ist. Die Tatsache, dass sich die Schweizer Arbeitswelt noch nicht vollständig gewandelt hat, zeigt sich auch in der Karriereorientierung der Befragten: Nach wie vor streben deutlich mehr Personen Arbeitsplatzsicherheit und Verbundenheit mit der Organisation als Eigenverantwortung für die berufliche Laufbahn an. Die durchschnittlich recht hoch ausgeprägte Arbeitszufriedenheit kann also teilweise durch nach wie vor relativ stabile Arbeitsverhältnisse erklärt werden.

▬▬▬▶ Einflussfaktoren der Arbeitszufriedenheit

Eine hohe Arbeitszufriedenheit ist sowohl für Organisationen als auch jeden einzelnen Mitarbeitenden von Bedeutung. Ihre Förderung sollte deshalb Teil einer zukunftsorientierten Personalpolitik sein. Was können Unternehmen tun, damit die Arbeitszufriedenheit auch in Zukunft – und bei einem weiteren Wandel der Arbeitswelt – positiv ausgeprägt ist?

Ein weiteres Ziel der Studie HR-Barometer war es, zu ermitteln, wodurch Unternehmen die Höhe der Arbeitszufriedenheit beeinflussen können. Dazu wurden Zusammenhänge zwischen Massnahmen der Personalentwicklung (zum Beispiel Weiterbildung, Arbeitsgestaltung) und psychologischen Verträgen einerseits sowie Arbeitszufriedenheit andererseits untersucht. Die wichtigsten Einflussfaktoren der Arbeitszufriedenheit sind in der folgenden Abbildung dargestellt. Die Stärke der Zusammenhänge wird dabei anhand der Stärke der Pfeile abgebildet. In beiden Jahren erwiesen sich die Erfüllung des psychologischen

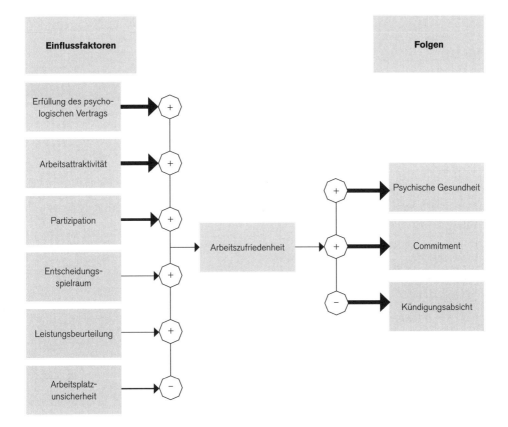

Vertrages sowie die Arbeitsattraktivität als die wichtigsten Einflussfaktoren der Arbeitszufriedenheit. Weitere wichtige Einflussfaktoren sind Entscheidungsspielräume, Partizipationsmöglichkeiten, Leistungsbeurteilung und erlebte Arbeitsplatzunsicherheit. Im Folgenden wird jeder der Einflussfaktoren genauer beleuchtet.

Psychologischer Vertrag: Der psychologische Vertrag bezieht sich auf gegenseitige Erwartungen und Angebote von Arbeitgebenden und Arbeitnehmenden. Erwartungen entstehen beispielsweise durch Gespräche mit Vorgesetzten und Kollegen, oder sind aus Ereignissen in der Organisation abgeleitet. Erwartungen von Mitarbeitenden an eine Organisation betreffen zum Beispiel Arbeitsplatzsicherheit, berufliche Entwicklung oder Lernchancen. Erwartungen einer Organisation an ihre Mitarbeitenden beinhalten beispielsweise Loyalität, Engagement oder Flexibilität. Jeder Erwartung eines Mitarbeitenden steht ein Angebot der Organisation, und umgekehrt jeder Erwartung der Organisation ein Angebot des Mitarbeitenden, gegenüber. Eine Verletzung des psychologischen Vertrages tritt dann auf, wenn eine der beiden Vertragspartner die Erwartungen der anderen Partei nicht erfüllt. Forschungsergebnisse weisen deutlich auf die Wichtigkeit der Erfüllung des psychologischen Vertrages hin: Verletzte psychologische Verträge führen beispielsweise zu geringerer Arbeitsleistung, einer stärkeren Absicht, die Arbeitsstelle zu verlassen, oder zu einer geringeren Arbeitszufriedenheit. Wie der HR-Barometer deutlich zeigt, empfinden Mitarbeitende ihre Arbeitsstelle als zufriedenstellender, wenn sie ihre Erwartungen an das Unternehmen durch dessen Angebote erfüllt sehen. Es lohnt sich, psychologische Verträge arbeitgeberseitig bewusst zu gestalten.

Arbeitsattraktivität: Im HR-Barometer wird von hoher Arbeitsattraktivität gesprochen, wenn eine Person ihre Arbeit als abwechslungsreich und interessant wahrnimmt. Eine ganzheitliche Arbeitsaufgabe ist eine wichtige Voraussetzung dafür, dass die Arbeit als interessant erlebt wird. Ganzheitlichkeit wird erzielt, wenn die arbeitende Person nicht nur auszuführende Arbeiten erledigt, sondern auch Gelegenheit hat, ihre Arbeit selbst zu planen und vorzubereiten. Auch sollte sie Arbeitsergebnisse selbst kontrollieren können. Solch eine ganzheitliche Aufgabe ermöglicht, dass Mitarbeitende ihren eigenen Beitrag im Gesamtprozess besser erkennen und sich somit eher mit dem Arbeitsergebnis identifizieren. Abwechslungsreich ist eine Arbeit dann, wenn die arbeitende Person mit verschiedenen Kollegen innerhalb oder ausserhalb ihres Teams zusammenarbeiten muss, und wenn das Vorgehen nicht festgelegt ist, sondern immer wieder neu bestimmt werden muss. Erfüllen Arbeitsaufgaben also die beschriebenen Merkmale, so sind Mitarbeitende mit höherer Wahrscheinlichkeit zufrieden mit ihrer Arbeit.

Entscheidungsspielraum: Entscheidungsspielräume beziehen sich auf die Möglichkeit eines Beschäftigten, auf die Arbeitssituation Einfluss zu nehmen. Dies kann die Abfolge der Arbeitsschritte, die Arbeitsgeschwindigkeit, die Lage und Dauer von Pausen oder die Wahl der Arbeitsmethode betreffen. Die Ergebnisse des HR-Barometers zeigen, dass Mitarbeitende deutlich zufriedener mit ihrer Arbeit sind, wenn ihnen von ihrem Arbeitgeber Entscheidungsspielräume ermöglicht werden.

Partizipationsmöglichkeiten: Unter Partizipation wird der Einbezug der Mitarbeitenden in den Informationsfluss und die Entscheidungsfindung in einem Unternehmen verstanden. Eine erste Stufe der Partizipation an Unternehmensentscheidungen besteht darin, Mitarbeitende rechtzeitig und ausreichend über organisatorische Entscheidungen zu informieren. Hoch sind Partizipationsmöglichkeiten, wenn die Unternehmensleitung Mitarbeitenden Mitsprache- oder sogar Mitentscheidungsmöglichkeiten einräumt. Die Resultate des HR-Barometers belegen, dass Partizipationsmöglichkeiten dazu führen, dass Mitarbeitende ihre Arbeit deutlich zufriedener erleben.

Leistungsbeurteilung: In vielen privatwirtschaftlichen Unternehmen und zunehmend im öffentlichen Bereich werden Leistungen der Mitarbeitenden systematisch, anhand vorgegebener Kriterien beurteilt. Dies erfolgt häufig derart, dass Vorgesetzte zunächst gemeinsam mit ihren Mitarbeitenden Ziele vereinbaren. Diese Ziele können Unternehmensziele sein, die auf den einzelnen Mitarbeitenden herunter gebrochen werden oder persönliche Ziele. Im Anschluss an die Zielvereinbarung werden Massnahmen zur Zielerreichung definiert. Die Leistung wird dann nach einer bestimmten Zeit anhand der Zielerreichung gemessen. Vorgesetzte sollten in diesem Prozess ihren Mitarbeitenden in regelmässigen Abständen Rückmeldung geben, ob sie auf dem richtigen Weg sind, ihre Ziele zu erreichen. Insgesamt lässt sich sagen, dass Leistungsbeurteilung bedeutsam dazu beiträgt, dass Mitarbeitende sich zufriedener über ihre Arbeit äussern.

Arbeitsplatzunsicherheit beschreibt die Angst vor dem Verlust des eigenen Arbeitsplatzes. In vielen Studien wurden negative Konsequenzen von Arbeitsplatzunsicherheit belegt. Dies sind zum Beispiel eine schlechtere Gesundheit, ein reduziertes Wohlbefinden oder stärkere Kündigungsabsichten. Weiter wirkt sich Arbeitsplatzunsicherheit, wie auch die Ergebnisse des HR-Barometers zeigen, negativ auf Arbeitszufriedenheit aus.

Die Arbeitszufriedenheit ist also besonders hoch, wenn ...

– Erwartungen der Mitarbeitenden an die Organisation und Angebote der Organisation sich weitgehend decken,

– die Arbeitsaufgaben abwechslungsreich und interessant sind und Mitarbeitende Einfluss auf die Arbeitssituation nehmen können,

– Mitarbeitende über betriebliche Entscheidungen informiert werden und Möglichkeiten der Mitwirkung erhalten,

– Ziele vereinbart werden und Mitarbeitende Rückmeldung über ihre Leistung und die Zielerreichung erhalten,

– Mitarbeitende nicht in Unsicherheit leben, in naher Zukunft ihren Arbeitsplatz zu verlieren.

Im Folgenden soll am Beispiel der beiden relevantesten Einflussfaktoren, dem psychologischen Vertrag und der Arbeitsattraktivität, noch konkreter auf Massnahmen eingegangen werden, die Unternehmen ergreifen können, um die Arbeitszufriedenheit der Mitarbeitenden zu fördern.

Gestaltung psychologischer Verträge

Der psychologische Vertrag wird von Seiten der Organisation durch direkte Vorgesetzte, Personalverantwortliche oder die Geschäftsleitung vertreten. Gestaltungsziel sollte sein, dass sich Erwartungen von Mitarbeitenden an die Organisation und Angebote der Organisation weitgehend decken. In den letzten Jahren wurde dem Konzept des psychologischen Vertrags vermehrt Aufmerksamkeit geschenkt, da grosse Restrukturierungswellen in der Wirtschaft und der öffentlichen Verwaltung den für viele Mitarbeitende jahrzehntelangen gültigen psychologischen Vertrag – «job security for hard work and loyalty» – in Frage gestellt haben.

Gerade bei Veränderungen oder in flexiblen Arbeitsverhältnissen ist es wichtig, dass die Inhalte des psychologischen Vertrags explizit kommuniziert werden. Die eigene Wahrnehmung des psychologischen Vertrags sollte durch beide Vertragspartner mitgeteilt und nach Übereinstimmung gesucht werden. Um über Erwartungen zu informieren und zu verhandeln, können neben informellen Gesprächen bekannte Methoden des Human-Resource-Management verwendet werden. Es eignen sich das Einstellungsgespräch, die Einführungsprogramme für neue Mitarbeiter, regelmässige Mitarbeitergespräche mit Zielvereinbarungen oder Leistungsbeurteilungen.

Die Gestaltung des psychologischen Vertrags wird auch in Zukunft wichtig bleiben. Denn bei jeder neuen Form der Beschäftigung entsteht ein neuer, andersartiger psychologischer Vertrag. Dieser Umstand macht es notwendig, dass die Gestaltung psychologischer Verträge in Zukunft mehr Beachtung erfährt.

Neue Tätigkeiten – mehr Autonomie

Durch Arbeitsplatz-Rotation, Tätigkeitserweiterung, Arbeitsbereicherung und teilautonome Arbeitsgruppen kann die Arbeitsattraktivität gesteigert werden. Arbeitsplatz-Rotation ist ein systematischer Arbeitsplatz- beziehungsweise Aufgabenwechsel innerhalb einer Organisation. Wenn Beschäftigte zusätzliche, gleichartige Tätigkeiten übernehmen, spricht man auch von Tätigkeitserweiterung. Bei der Aufgabenbereicherung wird die bisherige Tätigkeit einer Person beispielsweise um Kontroll- oder Planungsaufgaben erweitert, die qualitativ höhere Anforderungen an die Mitarbeitenden stellen. In teilautonomen Arbeitsgruppen können Mitarbeitende selbständig handeln und entscheiden. Neben Ausführungstätigkeiten hat eine teilautonome Arbeitsgruppe auch Organisations- und Planungs- sowie Kontrollaufgaben. Die Gruppe organisiert sich selbständig, das heisst die Gruppenmitglieder verteilen die anfallenden Aufgaben unter sich auf. Die Qualität der Arbeit wird somit häufig verbessert, da die Aufgaben der Mitarbeitenden ganzheitlicher sind und sie Eigenverantwortung übernehmen können. Eine weitere Möglichkeit, die Arbeit interessant und abwechslungsreich zu gestalten, ist der Einsatz von Projektarbeit. Dadurch erhalten Mitarbeitende immer wieder neue Aufgabenstellungen, in die sie sich einarbeiten müssen. Zudem haben sie die Möglichkeit, in wechselnden Projektteams mit verschiedenen Kollegen und Projektleitern zusammen zu arbeiten.

Wie sich im HR-Barometer klar herausstellt, ist eine interessante und abwechslungsreiche Arbeit für Schweizer heute schon von herausragender Bedeutung. Diese wird in Zukunft wohl eher noch an Wichtigkeit gewinnen. Denn nur solch eine Arbeit bietet Möglichkeiten zur Anwendung von Eigenschaften und Fähigkeiten, zum Erlernen neuer Kompetenzen und zur Übernahme von Eigenverantwortung. Und genau solche Möglichkeiten sind Voraussetzung zur Entwicklung von Arbeitsmarktfähigkeit. Bei sich weiter abzeichnenden wirtschaftlichen und arbeitsbezogenen Veränderungen – zum Beispiel Wegfall von Betriebsgrenzen, Arbeits- und Beschäftigungsformen, Veränderungen in den Erwerbsbiografien – ist eine hohe Arbeitsmarktfähigkeit der Mitarbeitenden von entscheidender Bedeutung für den Unternehmenserfolg, weil Mitarbeitende flexibler einsetzbar sind. Sie ist zudem eine wichtige Voraussetzung für Mitarbeitende, um mit den Anforderungen der modernen Arbeitswelt umgehen zu können.

Arbeitszufriedenheit als Gradmesser der Befindlichkeit

Das Konzept der Arbeitszufriedenheit hat in der Vergangenheit wie auch in der Gegenwart in der Forschung viel Aufmerksamkeit erfahren. Wir gehen davon aus, dass Arbeitszufriedenheit auch in der Zukunft ein wichtiger Indikator für die Stimmungslage der Beschäftigten bleibt. Dies nur schon aufgrund der Erkenntnis, dass sich die Arbeitswelt noch nicht so grundlegend verändert hat, wie oft postuliert wird. Bisherige Erkenntnisse zu Folgen und Einflussfaktoren der Arbeitszufriedenheit bleiben somit auch in naher Zukunft gültig. Anzunehmen ist dennoch, dass sich ändernde Anforderungen der Arbeit wie auch sich wechselnde Bedürfnisse der Beschäftigten dazu führen, dass die Arbeitszufriedenheit durch andere Faktoren stärker bestimmt wird als dies früher noch der Fall war. Positiv und fair wahrgenommene Arbeitsbeziehungen zum Arbeitgeber sowie interessant gestaltete Arbeitstätigkeiten werden beispielsweise in Zukunft noch an Bedeutung gewinnen. Es stellt sich somit weniger die Frage nach der Wichtigkeit der Arbeitszufriedenheit, sondern vielmehr, ob Arbeitgeber in Zukunft erkennen, wie sie diese fördern und erzielen können. Arbeitszufriedenheit als Gradmesser der Befindlichkeit der Mitarbeitenden wird demnach ein wichtiger Indikator bleiben, der von Unternehmen nicht aus den Augen gelassen werden sollte.

Vorstellungsgespräch

Esther Spinner

geboren 1948 in Zürich, begann nach einer Ausbildung zur Krankenschwester zu schreiben und veröffentlichte 1981 ihr erstes Buch. Sie arbeitet heute als Schriftstellerin und Kursleiterin, schreibt Kinderbücher und Romane. Sie lebt in Zürich und Italien.

Der Blazer dunkelblau, die Bluse cremefarben. Wie meine Mutter, gepflegt, korrekt. Farbloser Nagellack, etwas blau auf den Lidern. Mir läuft der Angstschweiss zwischen den Brüsten hinunter, kitzelt mich, wie mich Sula kitzelt, abends, wenn wir auf dem Bett herumkugeln. Es ist das Dreizehnte, vielleicht hat es nichts zu bedeuten, aber es ist das Dreizehnte, das steht fest. Abergläubisch bin ich nicht. Abends, beim Herumkugeln mit Sula, kichere ich, wenn sie mich kitzelt. Wenn ich nur jetzt nicht anfange zu kichern. Manchmal schlagen unsere Köpfe zusammen, und mir kommen sofort die Tränen, Sula aber macht das gar nichts aus, sie hat einen harten Kopf. Sie wird sich durchsetzen, behauptet Raffi, und das ist nötig, sagt er, schliesslich, was hat sie schon für eine Zukunft vor sich. An Sulas Zukunft will ich gar nicht denken. Ich setze mich gerade hin, lächle ein bisschen anstatt zu kichern. Schon meine Zukunft kann ich mir nicht vorstellen. Das dreizehnte Gespräch. Zwölf Gespräche ohne Erfolg, immer ein bisschen daneben, zu jung, zu wenig Erfahrung, nicht wie meine Nachbarin, die zu viel Erfahrung hat und deshalb abgewiesen wird. Abgebrochenes Studium und ein Kind, das sind keine Erfahrungen. Zwölf Gespräche seien ein Erfolg, sagen sie beim RAV. Andere könnten sich gar nie vorstellen, mit hundert Bewerbungen nicht. Mit Ablehnungen müsse man lernen zu leben. Die Ablehnungen aber haben ein Eigenleben, gehen nachts in mir um, ungenügend, sagen sie, unbrauchbar. Tessa sagt, es ist nicht deine Schuld,

meine Mutter sagt, man muss nur wollen. Tessa, die sich nie Oma nennen liess, und meine Mutter, die sich von ihren Enkeln gern Omama rufen lässt. Meine Mutter mit dem Röntgenblick. Arschaugen, sagte Lona, und es stimmte, alles wusste sie, ohne hinzuschauen, halt rief sie, wenn ich den dritten Löffel Ovomaltine in die Tasse geben wollte, halt rief sie und stand doch am Herd, mit dem Rücken zu mir. Wie schnell aber drehte sie sich um, wenn Lona und ich den Spottvers skandierten: Su-Su-Supermarkt, hattu wie-der Geld ge-spart. Schliesslich lebt ihr auch davon, sagte sie und erstach uns mit ihrem Blick.

Wie diese Frau. Ein Mutterblick. Ich beisse mich in die Wangenhaut. Blutgeschmack im Mund. Wieso ich diese Stelle will? Ich will sie nicht, ich muss sie haben, wegen Sula. Ich schlucke das Blut hinunter und sage, mich interessiert ihre Firma. Blödsinnige Antwort. Keine Ahnung habe ich von dieser Firma. Das Personal, murmle ich, die vielen Sprachen, ich kann vier Sprachen, sage ich, aber ob sie es hört hinter ihrem breiten Pult, so weit weg von mir, ich weiss es nicht, kaum höre ich meine eigene Stimme. Vier Sprachen, zweisprachig aufgewachsen, zwei andere dazugelernt. Erfahrungen? Nein, Erfahrungen habe ich nicht. Das Kind? Gut zwei Jahre alt. Alleinerziehend.

Damals, als meine Mutter zur Welt kam, war Tessa eine ledige Mutter und meine Mutter bekam als Uneheliches einen Vormund. Ich bin alleinerziehend, schief angesehen werde ich dennoch. Tessa behauptet, es sei ein Riesenunterschied zu damals. Mir ist das egal, ich muss schliesslich heute Geld verdienen für Sula und mich. Mir geht es nicht wie Lona, die sich ins ledergepolsterte Nest setzte. Genug Geld für sie und die beiden Kinder dank dem Bänkler mit den Glubschaugen und den feuchten Händen. Danke schön, nicht für mich.

Ihre hellen Augen. Einige Haare auf dem Blazerkragen. Nur nicht kichern. Bläser las ich letzthin in einem Schaufenster neben einer roten Jacke mit Goldknöpfen. Pauken und Trompeten höre ich, verstehe gar nicht mehr, was sie sagt, sehe, wie ihr Mund sich bewegt über dem hellen und dem dunklen Kragen. Wenn ich ihr sagen würde, dass ich mich am liebsten zu den Alkis setzen möchte, am Bellevue oder am Stadelhofen, morgens um zehn schon die Weinflasche in der einen Hand, in der anderen die Zigarette. Das Rauchen habe ich mir abgewöhnt, als ich schwanger war, dort aber würde ich rauchen. Rauchen und trinken und dazu gehören, am Boden sitzen auf einer ausgebreiteten Zeitung mit strähnigem Haar und Mundgeruch. Die Welt hinter einem Schleier aus Rauch und Alkohol, Zukunft ist der nächste Schluck, die nächste Zigarette, Zukunft ist, abends einen Hauseingang zu finden oder eine alte Decke. Kein blassrosa Lippenstift, kein gebügeltes T-shirt. Das Bügeln hat mir die Nachbarin empfohlen. Ein T-shirt ohne Aufdruck und mit langen Ärmeln, um die Schlange zu verdecken, die sich um meinen Arm ringelt. Haben sie mir im Kurs geraten. Und das Zungenpiercing raus, das auch. Am liebsten habe ich das Leibchen mit dem underdog. Soll ich aber nicht anziehen, sagten sie im Kurs, du signalisierst damit, dass du ein Unterhund sein willst. Will ich doch gar nicht, aber ich bin in diesen Unterhundkäfig eingesperrt, ausgesteuert ab nächsten Monat. Du musst dich endlich zusammennehmen, sagt Mutter. Raffi meint, Berufe gäbe es eines Tages gar nicht mehr, höchstens Altenpflegerin könne Sula werden, oder Grenzwächterin, dann, wenn sich die Schweiz verschliesse wie eine Auster. Als ich in den Semesterferien Käse verkaufte, ging ich täglich an der Austernbar vorbei, gegessen habe ich nie eine. Tessa sagt, sie seien schlüpfrig wie Schnecken. Bewachung braucht es, wenn die Schweiz die Grenzen dicht macht, das müsse kontrolliert werden, sagt Raffi, dass da niemand reinkomme. Niemand rein, niemand raus. Ausländerfängerin, das wäre auch etwas, die italienischen Polizisten bekommen 500 Euro für jeden gefangenen Ausländer ohne Papiere. Das habe er irgendwo gelesen, behauptet Raffi. Tessa meint, die ganze Welt müsse reorganisiert werden, jede und jeder müsse sich zur Arbeit für die Gemeinschaft verpflichten, ein Jahr Bank, ein Jahr Altersheim, ein Jahr Supermarkt, ein Jahr Hospizdienst, so ungefähr stellt sie sich das vor, der Manager in den Kindergarten, die Krankenschwester ans Pult in der Chefetage. Schliesslich könne das nicht so weiter gehen, dass die einen die Sahne hätten und die anderen den leeren Topf. Mutter schüttelt darüber den Kopf. Sozialutopistin, sagt sie verächtlich, lebt seit Jahren von Rente und will anderen sagen, was sie zu tun haben. Tessa hat alles gearbeitet, alles, was sich so ergab. Natürlich nie viel Lohn, als ungelernte. Aber lustvoll war es, sagt Tessa, heute anrufen, morgen beginnen. Als Schwesternhilfe zuerst, danach als Reiseleiterin in Ägypten, als Putzfrau, an der Réception in einem Hotel im Tessin – eben nach Lust und Laune. Damals war die Alles-ist-möglich-Zeit, und das Geld reichte immer irgendwie. Dank dem Staat, sagt meine Mutter, was ist das für ein Leben aus der Tasche der anderen.

Computer. Endlich habe ich eine Erfahrung zu bieten, Tastaturschreiben blind. Ob ich das zeigen kann? Natürlich.

Wenn nur meine Beine nicht zittern beim Aufstehen. Sie sieht mich an mit ihren hellen Augen, mit ihren Brustaugen, Ellbogenaugen. Der Nebenraum ist klein, zwei Computerarbeitsplätze, neben dem einen Bildschirm sitzt ein rosa Teddybär. Ich muss lächeln. Sie zeigt auf den andern Computer. Zeugnisse schreiben, Arbeitsbeurteilungen, Kündigungen. Kündigungen? Mein Lächeln fällt mir vor die Füsse. Manchmal, sagt sie. Ich setze mich, starre in den Bildschirm, Blut im Mund wie beim Zahnarzt. Der Bildschirm wird zur Lampe, die mein Gesicht spiegelt mit dem offenen Mund voller Watteröllchen. Über mir sein Gesicht, die vergrösserten Poren auf seiner Nase, der Schweiss, der ihm in die Augen läuft, sein Mund abgedeckt von einer Gesichtsmaske. Das Licht ist grell, sein Gesicht ganz nah, wenn ich die Augen schliesse legt es sich auf die Innenseite meiner Lider.

Sie tippen schnell, sagt sie, lehnt sich über meine Schulter. Ich schnuppere. *Femme naturelle.* Habe ich das gesagt oder sie? Ich weiss nicht, ob sie lächelt, ich starre in den Bildschirm, auf dem ein Text steht, den ich nicht verstehe.

Sula riecht gut, nach Puder und Babyhaut. Vielleicht stürzt eines Tages das ganze System ab, alles, kein Computer mehr, kein Telefon, kein Staubsauger, alles weg. Kein Licht, keine Kaffeemaschine. Türen bleiben geschlossen, Sonnenstoren bleiben stehen in der Mitte der Fenster, kein Rotlicht mehr und auch kein grünes. Klimaforscherin könnte sie vielleicht werden. Ob es noch etwas zu erforschen gibt, wenn das Meer halb Europa verschluckt hat, und wir hier ein Wetter haben wie in den Tropen? Alles übertrieben, sagt meine Mutter und schiebt die Klimafrage zurück zu mir. Sula wird das Klima erleben, sage ich. Und meine Mutter sagt, jetzt sei doch ein einziges Mal ein bisschen positiv.

Kinderkrippe, sagt die Frau, das dürfte für sie interessant sein, täglich bis um sechs mit Mittagessen. Eine wirkliche Errungenschaft für uns Frauen. Davon redet Tessa auch immer: Errungenschaften für die Frauen. Meine Mutter sagt, das ist Unsinn, jeder ist, was er kann. Tessa schüttelt den Kopf und verzieht ihren Mund: Keine Ahnung hat meine Tochter. Wer, meinst du, hat für das Frauenstimmrecht gekämpft? Kalter Kaffee, sagt Mutter. Und gleicher Lohn für gleiche Arbeit, fragt Tessa, auch kalter Kaffee? Das kommt, sagt meine Mutter, nur noch etwas Geduld, das kommt. Nur nicht immer das Schlimmste denken. Ihr Optimismus fällt mir auf den Kopf wie ein Ziegelstein.

Bis wirkliche Gleichberechtigung da ist, dauert es noch 900 Jahre. Das steht auf dem Buch, das Tessa für meine Mutter gekauft hat. Sula wird die Gleichberechtigung nicht mehr erleben. Sie muss stark werden, damit sie sich wehren kann. Sie braucht ihren harten Kopf, um sich durchzusetzen, um eine Lehrstelle zu finden in 15 Jahren. Vielleicht wird bis dann Arbeit neu definiert, vielleicht gilt dann arbeitslos sein als Arbeit, streng ist es ja mit all den Kursen und der vorgeschriebenen Menge an Bewerbungen, die man vorlegen muss. Manchmal schummle ich, erfinde Telefonate, schicke Briefe an Firmen, die nicht existieren. Dass sich die Welt so verändern kann, sagt Tessa, das hat sie sich nicht vorgestellt, damals. Es gibt keine Stellen, für die ich mich bewerben kann, keine für mich, keine für Serap, die ein Kopftuch trägt, keine für Lydija, die einen slawischen Namen hat. Vielleicht wird irgendwann Arbeitslosigkeit besser bezahlt als eine Stelle haben, weil alle froh sind, dass es Menschen gibt, die gar keine Arbeit wollen. Alte Menschen pflegen, das wird die einzige Arbeit der Zukunft sein. Es heisst, in dreissig Jahren sind zwei Drittel der Menschen über sechzig. Oder über achtzig? Bitte machen sie den Mund auf, sagen sie heute. Vielleicht wird in dreissig Jahren nicht mehr gefragt, einfach rein mit dem Rührei, dem Kartoffelstock. Wenn ich Geld hätte, mir würde es nicht langweilig ohne Arbeit. Aus alten Stoffen würde ich etwas nähen, Kinderkleider vielleicht oder farbige Taschen für Kinder. Vielleicht.

Zu viele Vielleicht in meinem Leben. Arbeit ein Vielleicht, Raffi ein Vielleicht, die ganze Zukunft ein Vielleicht. Ich wünsche mir viel Zukunft, viel leichte Zukunft, eine Wundertüte, ein farbiger Ball. Doch da ist nur dieses Vielleicht, eine graue Mauer aus Ungewissheit.

Als meine Mutter zehn war, holte Tessa sie aus dem Heim und zog mit ihr in eine Wohngemeinschaft. Kommune, sagt meine Mutter, und zieht die Augenbrauen hoch und die Mundwinkel nach unten. Von daher hat sie ihren Sauberkeitstick, ihren Wohlanständigkeitstick. Die Zukunft im Blick und kein Vielleicht. Ein leitender Angestellter musste es sein. Mein feuriger Spanier, sagt sie noch heute, und ich zucke jedes Mal zusammen. Reiheneinfamilienhaus, Garten, Forsythien, behütete Kindheit, bis das Feuer nachliess und der Spanier entschwand. Bis dahin waren wir eine richtige Familie, Mami, Papi und zwei Mädchen, natürlich wäre ein Pärchen noch besser gewesen, Bub und Mädchen, aber zwei so süsse Mädchen sind auch recht. Lona ist wie Mutter, adrett und sauber und optimistisch. Ich, ich sei dem Teufel vom Karren gefallen, sagte meine Mutter als ich klein war. Was wird sie sagen, wenn sie mich am Stadelhofen sieht auf dieser ausgebreiteten Zeitung, eine zerrissene Wolldecke um die Schultern? Ungeschnittene Fingernägel mit Schmutzrändern, von den Füssen nicht zu reden, aus meinem Mund stinkt der billige Fusel, stinkt der Rauch, der mir die Zukunft leichter macht. Eine Phase, wird sie sagen, wir lassen ihr etwas Zeit, sie wird von allein zurück kommen, attraktiv ist das ja nicht, das Leben auf der Strasse. Da hast du recht, Mutter, für einmal hast du recht, attraktiv ist es nicht, aber es ist tröstlich, dass die Zukunft nur die nächsten Stunden umfasst. Schon das Morgen liegt nicht mehr in meinem Blick.

Meine Mutter ersetzte meinen Vater mit dem Supermarkt, schliesslich ist sie gelernte Verkäuferin. Das sage ich, um sie zu ärgern. Sie besteht auf Detailhandelsangestellte. Sprosse um Sprosse hochgeklettert, Führungskurs eins, zwei und drei. Rayonchefin. Filialleiterin. Und da thront sie noch: hoch oben in einer Glaskabine, aus der sie ihren Laden überschaut. Mich anstellen, das würde sie nie. Bei ihr gibt es keine Vetternwirtschaft, auch keine Muttertochterwirtschaft, keine, wie sie sie gehabt hat: Immer war Tessa da, wenn Mutter den nächsten Kurs besuchte. Tessa, die nach Ägypten roch oder nach Krankenhaus, und die verschwand wenn Mutter zurückkam.

Zum dreizehnten Mal trage ich meine Haut zu Markte. Ich brauche diese Stelle, ich muss sie bekommen, wegen Sula.

Schöne Haut, sagt Raffi, wenn er mich streichelt, Seidenhaut, Rosenblätterhaut. Seit drei Wochen ist er weg, aber er kommt wieder, ist bisher immer wieder gekommen und hat meine Haut gestreichelt. Sanfte Haut, Sulahaut. Ich stammle Gebete, innerlich, kaue an meiner Wangenhaut und bete. Was erhoffst du dir von diesem alten Mann da oben? fragt Tessa. Ich weiss es nicht, sage trotzdem meine Kindergebete auf, bittebittemachmichfromm damitichdiesestellebekomm. Ein Mantra, eine Beschwörungsformel, ein Abzählreim. Zwölfmal bin ich rausgeflogen, bittebitte, jetzt muss es klappen, es muss. Ich könnte übersetzen, bei dem vielsprachigen Personal wäre ich hier genau richtig. Deutsch, spanisch, englisch, französisch. Nein, eine Ausbildung als Übersetzerin habe ich nicht, aber ich könnte – interkulturelle Mediation, das interessiert mich, aber ohne eine Stelle, ohne Geld, mit Sula. Ich sage nichts von alledem, ich hocke da wie ein Klotz, die kann mich gar nicht wollen. Einmal underdog, immer underdog. Da nützt auch das gebügelte Leibchen nichts, der Lidstrich, der Lippenstift, nichts nützt etwas. Meine Mutter sagt, ich müsse es aus eigener Kraft schaffen, so wie sie es geschafft hat. Keine Protektion, sagt sie, und schüttelt den Kopf. An Tessas Hilfe denkt sie nicht mehr. Ich pfeife sowieso auf ihren Su-Su-Supermarkt. Niemals würde ich dort arbeiten, niemals.

Ob ich noch Fragen hätte, fragt sie. Ich schüttle den Kopf, keine Fragen. Immer noch den Blutgeschmack im Mund, den ich nicht aufbringe. Erst an der Tür drehe ich mich um, sage, dass die Stelle mich interessiert, dass ich sie wahnsinnig gern hätte – wahnsinnig war falsch, ich sehe es ihr an – dass ich sie sehr gern hätte, wiederhole ich, dass sie der Weg wäre zur Dolmetscherin, zur Übersetzerin. Sie wäre ideal für mich, sage ich, mit der Kinderkrippe und allem.

Hätte ich früher sagen sollen, das alles, nicht sie überschwemmen im letzten Augenblick. Aber ich kann nicht mehr aufhören. Ideal, sage ich, ideal, auch nicht zu weit von meinem Wohnort entfernt, ich könnte mit dem Fahrrad, einen Kindersitz habe ich schon, einen richtig guten mit Beinschutz, habe ich bekommen von einer Freundin, kaum gebraucht, und zwei Helme, einen für Sula und einen für mich, weil der Verkehr doch, in zehn Minuten wäre ich hier, der Helm drückt die Haare zusammen, das ist wahr, ich könnte sie schneiden lassen, das wäre vielleicht sowieso, und das Büro gefällt mir, sage ich, und denke an den rosa Teddy, und mit dem Computer, sie haben ja gesehen.

Sie nickt in meine Atemlosigkeit hinein, nickt mit dem Blazerkragen und den Haaren darauf, mustert mich mit wachen Augen. Es sind nicht die Augen meiner Mutter, sie gleicht ihr überhaupt nicht. Ich würde gerne mit ihr arbeiten, trotz den Fingeraugen, die sie jetzt auf mich richtet, zehn helle Fingeraugen, wie kleine Taschenlampen, alle auf mich gerichtet. Sie bekommen Bescheid, sagt sie.

Während ich die Treppe hinunterrenne – ich hasse Lifte –, wächst sich meine Hoffnung zu einem Lindenbaum aus, dem es nichts ausmacht, wenn der Sturm hindurchfährt. Ich will diesen Baum nicht, zu viele musste ich zurückschneiden, zu viele Baumstümpfe stehen in meinem Leben herum. Die Hoffnung handhaben wie das Salz, sagt Tessa, zu viel davon macht das Leben ungeniessbar. Ich lasse den Lindenbaum in diesem fremden Treppenhaus stehen. Sie bekommen Bescheid. Mit dieser Prise Salz gehe ich nach Hause.

Wolfgang Bortlik

Wertschaffung

Arbeit ist, was Maschinen tun
Wir sind gegen dies Tun immun
Neue Technologie kommt schwer
Nano, Bio und anderes mehr

Menschen schaffen dagegen Wert
Kulturell, also umgekehrt
Keine geistlose Produktion
Lieber Leidenschaft, Subversion

Dreissig Stunden die Woche lang
Reicht doch völlig an Schaffensdrang
Ist ein Mindesteinkommen da

Bürgergeld wird bezahlt vom Staat
Garantiert nie mehr Prekariat
Sicherheit, da ist Freiheit nah!

Herrscht Unsicherheit auf dem Arbeitsmarkt?
Flexible versus prekäre Arbeitsverhältnisse in der Schweiz

> Michael Marti und Stephan Osterwald sind Ökonomen und arbeiten bei der Firma Ecoplan, welche Forschungs- und Beratungsdienstleistungen anbietet.

Wie wird der schweizerische Arbeitsmarkt der Zukunft aussehen? Werden wir in der Schweiz weiterhin vergleichsweise tiefe Arbeitslosigkeit geniessen oder wird die Arbeitslosigkeit zunehmen? Sicher erscheint nur, dass die Flexibilität der internationalen Arbeitsmärkte zunehmen wird. Die Flexibilisierung des Arbeitsmarktes wird heute als zentrale Möglichkeit angesehen, die in den letzten Jahren erkannten Arbeitsmarktprobleme zu lösen. Dies hat unter anderem zur Folge, dass Normalarbeitsverhältnisse abnehmen, während verschiedene Formen von ehemals atypischen Arbeitsverhältnissen zunehmen: Teilzeitarbeit, befristete Arbeitsverhältnisse und ähnliche Formen.

Flexible Arbeitsverhältnisse liegen im Trend und entsprechen oft sowohl Arbeitnehmer- wie auch Arbeitgeberbedürfnissen. Flexible Arbeitsverhältnisse sind aber keineswegs auch prekäre Arbeitsverhältnisse. Prekäre Arbeitsverhältnisse zeichnen sich durch eine besonders grosse Unsicherheit in zeitlicher oder ökonomischer Hinsicht beziehungsweise durch mangelnden Arbeitnehmerschutz aus. In der Schweiz gab es im Jahr 2002 rund 150000 prekäre Arbeitsverhältnisse; 3,8 Prozent der Erwerbstätigen sind davon betroffen. Weil in den meisten prekären Arbeitsverhältnissen weniger als 40 Wochenstunden gearbeitet wird, werden demgegenüber nur 2,1 Prozent des Arbeitsvolumens in prekären Arbeitsverhältnissen geleistet. Die Entwicklung prekärer Arbeitsverhältnisse in den 1990er-Jahren zeigt keinen Trend, sondern hängt von der Zahl der Arbeitslosen ab.

Normalarbeitsverhältnisse und atypische Arbeitsverhältnisse

Wie in anderen Ländern hat auch in der Schweiz die Zahl der Normalarbeitsverhältnisse (oder synonym der nichttraditionellen Arbeitsverhältnisse) zugenommen. Bevor wir jedoch die Formen atypischer oder nichttraditioneller Arbeitsverhältnisse betrachten, soll zunächst das Normalarbeitsverhältnis definiert werden. Bosch definiert das Normalarbeitsverhältnis als «stabile, sozial abgesicherte, abhängige Vollzeitbeschäftigung, deren Rahmenbedingungen (Arbeitszeit, Löhne, Transferleistungen) kollektivvertraglich oder arbeits- und sozialrechtlich auf einem Mindestniveau geregelt sind.» (Konturen eines neuen Normalarbeitsverhältnisses, 2001).

Das Normalarbeitsverhältnis geht somit von einer vertraglich geregelten Vollzeitbeschäftigung aus und ist auf Kontinuität ausgerichtet. Atyische Arbeitsverhältnisse können nur schwierig definiert werden und werden in der Literatur daher oftmals als Abweichungen vom traditionellen Arbeitsverhältnis definiert. Die Gründe für die beobachtete Zunahme atypischer Arbeitsverhältnisse sind vielfältig:

– Für die Arbeitgeberseite weisen atypische Arbeitsverhältnisse deutliche Vorteile auf: Arbeitskräfte können über Befristungen, Jahresarbeitszeit oder Arbeit auf Abruf flexibler eingesetzt werden, was zeitgemässer just-in-time Produktion entspricht.

– Arbeitnehmer wollen heutzutage zunehmend kein Normalarbeitsverhältnis mehr eingehen, sondern suchen beispielsweise bewusst Teilzeitstellen. Dies ist auf den gesellschaftlichen Wertewandel zurückzuführen: Die klassische Rollenverteilung in der Familie ist heute für viele Menschen nicht mehr ein anzustrebendes Ideal.

– Neben Interessen bei Arbeitnehmern und -gebern für nichttraditionelle Arbeitsverhältnisse, wird Teilzeitarbeit in zahlreichen Staaten auch von der Politik gefordert beziehungsweise gefördert. Speziell bei hoher Arbeitslosigkeit wird die Förderung von Teilzeitarbeit als Gegenmassnahme betrachtet. Die Grundidee ist dabei, dass das Arbeitsvolumen auf mehr Köpfe verteilt werden soll.

Es tragen somit alle drei Akteure, Arbeitnehmer, Arbeitgeber und die Politik, zur Förderung bestimmter nichttraditioneller Arbeitsverhältnisse bei.

Wie stehen Flexibilität und Prekarität zueinander?

Wie stehen nun Flexibilität und Prekarität zueinander? Wie erwähnt, wird die Flexibilität im Arbeitsmarkt in den nächsten Jahren auf Grund der internationalen Konkurrenzsituation zunehmen. Zudem werden gewisse atypische Arbeitsverhältnisse wie Teilzeitarbeit oder auch befristete Arbeitsverhältnisse auch auf Seiten der Arbeitnehmer durchaus als attraktive Möglichkeiten gesehen. Es besteht auch die Möglichkeit, dass atypische Arbeitsverhältnisse nach einer Erwerbspause (zum Beispiel Weiterbildung oder Mutterschaft) eine willkommene Form des beruflichen Wiedereinstiegs darstellen. Aus diesen Gründen sind Flexibilität in Form atypischer Arbeitsverhältnisse und Prekarität nicht deckungsgleich. Eine vom Seco in Auftrag gegebene Studie untersucht daher, welche Arbeitsverhältnisse als prekär zu bezeichnen sind.

Prekäre Arbeitsverhältnisse sind durch Unsicherheit geprägt

In den letzten Jahren wurden qualitative Unterschiede von Arbeitsverhältnissen in den Medien wiederholt thematisiert: Auf die Frage, warum in den USA viel mehr neue Stellen geschaffen werden als in Kontinentaleuropa, wird oft geantwortet, es handle sich dabei um minderwertige Arbeitsverhältnisse, sogenannte «Mac Jobs». Arbeitsverhältnisse können sich in verschiedener Hinsicht qualitativ voneinander unterscheiden. In der arbeitsmarktlichen Literatur ist seit einigen Jahren eine neue Kategorie eingeführt worden, die prekären Arbeitsverhältnisse (precarious employment). Bereits existierende Untersuchungen zu prekären Arbeitsverhältnissen sind jedoch meist qualitativer Natur beziehungsweise bieten keine empirisch anwendbaren Definitionen. Daher haben wir in einem ersten Schritt eine entsprechende Definition aus der Literatur abgeleitet und danach mit Daten der Schweizerischen Arbeitskräfteerhebung (SAKE) Auswertungen für die Jahre 1992 bis 2002 vorgenommen.

Auf den verschiedenen, in der Literatur gefundenen Definitionen basierend, verwenden wir Unsicherheit als zentrales Merkmal zur Beschreibung von prekären Arbeitsverhältnissen. Dabei wird ein Konzept relativer Unsicherheit angewandt: Unter einem unsicheren Arbeitsverhältnis sei im Folgenden immer ein Arbeitsverhältnis verstanden, das im Vergleich zu einem Normalarbeitsverhältnis unsicherer ist. Diese relative Betrachtung ist notwendig, da in einer Marktwirtschaft kein Arbeitsverhältnis garantiert und somit frei von jeglicher Unsicherheit ist. Wir unterscheiden folgende drei Hauptunsicherheiten: zeitliche, ökonomische und Schutz-Unsicherheit.

Drei Hauptunsicherheiten prekärer Arbeitsverhältnisse

1. Zeitliche Unsicherheit

– Merkmal: vermehrte zeitliche Unsicherheit.

– Beispiele: Temporärarbeit, befristete Arbeitsverhältnisse.

2. Ökonomische Unsicherheit

– Merkmal: Einkommen unsicher.

– Beispiele: Arbeit auf Abruf, Heimarbeit ohne vertraglich festgelegte Stundenzahl.

3. Schutz-Unsicherheit

– Merkmal: schlechte oder fehlende Schutzbestimmungen.

– Beispiel: Scheinselbständigkeit.

Nicht alle unsicheren Arbeitsverhältnisse sind auch prekär

Unsicherheit – relativ gesehen zur Sicherheit in einem Normalarbeitsverhältnis – wird als zentrales Element nichttraditioneller Arbeitsverhältnisse betrachtet. Diese Einschätzung beruht auf der Tatsache, dass in nichttraditionellen Arbeitsverhältnissen häufig die Unsicherheit vom Arbeitgeber an den Arbeitnehmer weitergegeben wird. Diese Risikoverlagerung kann jedoch für einzelne Arbeitnehmer willkommen sein, wenn die Unsicherheit durch eine Risikoprämie abgegolten wird. Die Risikoprämie kann eine finanzielle Grösse (höherer Lohn) oder ein immaterieller individueller Nutzen aus einem flexiblen Arbeitsverhältnis (freiere Zeitplanung) sein. Es existieren daher auch Personen, die freiwillig in einem Umfeld relativ grösserer Unsicherheit arbeiten. Die Definition prekärer Arbeitsverhältnisse enthält daher neben dem Gesichtspunkt relativer Unsicherheit auch Aspekte der Freiwilligkeit (vgl. Kasten 2).

Definition prekäre Arbeitsverhältnisse

Prekäre Arbeitsverhältnisse werden als eine Kombination von Unsicherheit und Freiwilligkeit wie folgt definiert:

Ein Arbeitsverhältnis wird als prekär bezeichnet, wenn relative Unsicherheit vorhanden ist, die weder erwünscht ist noch finanziell abgegolten wird.

Diese Definition ist sehr allgemein gehalten. Für die empirische Arbeit werden die Einschränkungen «erwünscht» beziehungsweise «finanzielle Abgeltung» über den Lohn definiert: Wir gehen davon aus, dass mit einem Lohn über einer bestimmten Schwelle die Unsicherheit finanziell abgegolten wird beziehungsweise dass ein Arbeitnehmer mit einem höheren Einkommen auf dem Arbeitsmarkt tendenziell Alternativen besitzt und gut vermittelbar ist, und sich daher nicht in einem prekären Arbeitsverhältnis befindet.

Ein Arbeitsverhältnis wird dann als prekär bezeichnet, wenn eine Hauptunsicherheit (zeitlich, ökonomisch, fehlender Schutz) gegeben ist und das auf eine Vollzeitstelle hochgerechnete Jahreseinkommen unter dem Schwellenwert von netto 36 000 CHF plus Risikoprämie liegt oder wenn zwei oder mehr Hauptunsicherheiten gegeben sind und das Jahreseinkommen unter dem Schwellenwert von netto 60 000 CHF plus Risikoprämie liegt.

Ein Grundlohn von netto 36 000 CHF wurde gewählt, weil er in der politischen Diskussion eine gewisse Aktualität aufweist. Zu diesem Grundlohn wird eine Risikoprämie addiert, die als Entschädigung für die Unsicherheit zu betrachten ist. Als Hauptvariante wurde eine jährliche Risikoprämie von 6000 CHF gewählt, sodass die Einkommensschwelle bei einer Hauptunsicherheit bei netto 42 000 CHF (Basis 2002), bei zwei oder mehr Hauptunsicherheiten bei netto 66 000 CHF liegt. Für die Risikoprämie wurde eine Sensitivitätsanalyse durchgeführt.

Auswertung prekärer Arbeitsverhältnisse: Beobachtete Ausprägungen auf dem Arbeitsmarkt

Potenziell prekäre Arbeitsverhältnisse haben verschiedene Ausprägungen. Diese können den drei erwähnten Hauptunsicherheiten (zeitlich, ökonomisch und Schutz-Unsicherheit) zugeordnet werden. Nicht alle Ausprägungen sind jedoch messbar. Die folgende Übersicht listet die möglichen Ausprägungen prekärer Arbeitsverhältnisse auf. Sie sind unterteilt nach in der Schweizerischen Arbeitskräfteerhebung (SAKE) messbaren und nicht messbaren Ausprägungen sowie nach der Art der Unsicherheit.

Messbare und nicht messbare Ausprägungen prekärer Arbeitsverhältnisse

Art der Unsicherheit	Messbare Ausprägungen (durch SAKE)	Nicht messbare Ausprägungen (durch SAKE)
Zeitliche Unsicherheit	Befristete Arbeitsverträge bis zu 12 Monaten	Kettenarbeitsverträge
	Temporärbeschäftigung über eine Personalverleihfirma	Kurzfristige Arbeitspläne
Ökonomische Unsicherheit	Arbeit auf Abruf (auswertbar ab 2001)	Variabler Lohn/tiefes Fixum
	Heimarbeit (inkl. Teleheimarbeit) ohne vertraglich festgelegte Stundenzahl	
	Teilzeitarbeit, wenn ein grösseres Arbeitspensum gewünscht wird und es im bestehenden Arbeitsverhältnis unregelmässige Arbeitszeiten gibt	
Schutz-Unsicherheit	Scheinselbständigkeit (auswertbar ab 2001)	Verletzung der Schutzbestimmungen
		Vertretungs-Unsicherheit
		Arbeitsverhältnisse mit fehlender Arbeitssicherheit

■■■■■■ Im Jahr 2002 gab es rund 150 000 prekäre Arbeitsverhältnisse in der ständigen Wohnbevölkerung

Stellt man das Total prekärer Arbeitsverhältnisse ins Verhältnis zu allen Erwerbstätigen der ständigen Wohnbevölkerung, so sind 3,8 Prozent von prekären Arbeitsverhältnissen betroffen. Weil in den meisten prekären Arbeitsverhältnissen weniger als 40 Wochenstunden gearbeitet wird, werden demgegenüber nur 2,1 Prozent des Arbeitsvolumens in prekären Arbeitsverhältnissen geleistet. Nicht jede der untersuchten Ausprägungen ist gleich bedeutsam: Vier von zehn prekären Arbeitsverhältnissen betreffen Arbeit auf Abruf. Weitere wichtige Ausprägungen im Jahr 2002 sind befristete Arbeitsverhältnisse, Scheinselbständigkeit und Heimarbeit ohne vertraglich festgelegte Stundenzahl, wie die folgende Grafik zeigt.

■ Wie teilen sich die 150 000 prekären Arbeitsverhältnisse im Jahr 2002 auf?

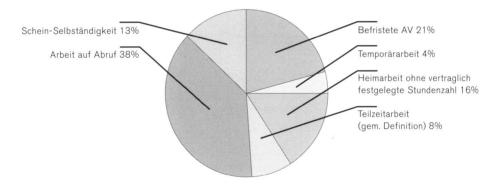

■■■■■■ Grosse Unterschiede zwischen Wirtschaftsklassen

Eine Analyse nach Wirtschaftsklassen zeigt, dass überdurchschnittlich viele prekäre Arbeitsverhältnisse bei der Tätigkeit in privaten Haushalten (zum Beispiel Haushaltshilfe), im Gastgewerbe, in der Landwirtschaft und in den sonstigen Dienstleistungen (zum Beispiel Entsorgungswesen, Unterhaltung/Kultur/Sport, persönliche Dienstleistungen) vorkommen. Der hohe Prozentsatz prekärer Arbeitsverhältnisse bei den Tätigkeiten in privaten Haushalten ist wohl darauf zurückzuführen, dass Arbeitskräfte in privaten Haushalten schlecht organisierbar sind. Auf der anderen Seite sind die vergleichsweise tiefen Anteile an prekären Arbeitsverhältnissen vor allem im Bau und im verarbeitenden Gewerbe auf die starke Verbreitung von Gesamtarbeitsverträgen zurückzuführen. Wirtschaftsklassen wie das Kredit- und Versicherungsgewerbe sind kaum von prekären Arbeitsverhältnissen betroffen.

Gefährdet sind Frauen, jüngere Personen sowie Personen mit unterdurchschnittlicher Bildung

Es gibt einige soziodemografische Merkmale, welche die Wahrscheinlichkeit signifikant beeinflussen, von prekären Arbeitsverhältnissen betroffen zu sein. Die markantesten betreffen das Geschlecht, die Bildung und das Alter. Bei diesen Merkmalen ist das Ergebnis nicht im Grundsatz überraschend, jedoch in seiner Deutlichkeit.

Frauen sind rund dreimal so häufig von prekären Arbeitsverhältnissen betroffen wie Männer. Hierfür werden verschiedene Gründe genannt: Zum einen wird argumentiert, dass Frauen generell eine ungünstigere Situation auf dem Arbeitsmarkt vorfinden als Männer. Ein ebenfalls häufig genannter Grund ist, dass vor allem Zweitverdienende in prekären Arbeitsstellen tätig sind. Nach wie vor ist der grössere Teil der Zweitverdienenden Frauen.

Ebenfalls kein überraschendes Ergebnis zeigt sich bei der *Bildung:* Leute mit einem Universitätsabschluss sind nicht annähernd so gefährdet, in einem prekären Arbeitsverhältnis tätig zu sein wie Leute ohne Lehrabschluss.

Beim *Alter* zeigt sich deutlich, dass vor allem junge Leute unter 25 Jahren eine überdurchschnittlich hohe Wahrscheinlichkeit aufweisen, von prekären Arbeitsverhältnissen betroffen zu sein.

Keine signifikanten Unterschiede finden sich zwischen den *Sprachregionen* sowie bei der *Nationalität.* So weisen die Deutschschweizer zwar einen niedrigeren Prozentsatz an prekären Arbeitsverhältnissen als die Westschweizer und Tessiner auf, doch die Werte unterscheiden sich kaum und nähern sich im Jahr 2002 sogar an. Ähnliches gilt auch für den

Vergleich Schweizer-Ausländer: Obwohl die Schweizer in der Regel einen geringeren Anteil an prekären Arbeitsverhältnissen aufweisen als die ständige ausländische Wohnbevölkerung, ist dieser Unterschied nicht signifikant.

▬▬▬▬ Wenig Veränderungen in den 1990er-Jahren

Wie haben sich nun die prekären Arbeitsverhältnisse im Zeitverlauf entwickelt? Die folgende Grafik stellt die Entwicklung der prekären Arbeitsverhältnisse dar: In den 1990er-Jahren zeigt sich keine Zunahme der prekären Arbeitsverhältnisse. Nicht abgebildet ist in der Grafik der deutliche Anstieg der Zahl prekärer Arbeitsverhältnisse zwischen 2000 und 2001, welcher in erster Linie darauf zurückzuführen ist, dass ab dem Jahr 2001 in der SAKE neu nach Arbeit auf Abruf und Scheinselbständigkeit gefragt wird. Die Jahre 2001/02 sind mit den vorangehenden Jahren nur sehr bedingt vergleichbar, weswegen der Zeitverlauf hier nur für die Jahre 1992 bis 2000 dargestellt wird.

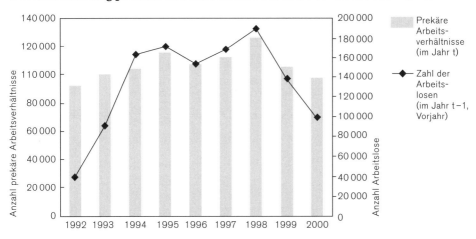

▬▬▬ **Entwicklung prekärer Arbeitsverhältnisse und der Arbeitslosenzahlen**

Schlechte Konjunkturlage führt zu steigender Anzahl prekärer Arbeitsverhältnisse

Hängen prekäre Arbeitsverhältnisse mit dem Konjunkturverlauf zusammen? Wir überprüfen dies mittels einer Korrelation zwischen der Zahl prekärer Arbeitsverhältnisse und den offiziellen Arbeitslosenzahlen. Die Grafik zeigt eine Korrelation von 0,89 für den Zeitraum von 1992 bis 2000, wenn die prekären Arbeitsverhältnisse mit einer Zeitverzögerung von einem Jahr versehen werden. Dass die prekären Arbeitsverhältnisse hinter den Arbeitslosenzahlen hinterherhinken, ist durchaus plausibel: Eine Zunahme der Arbeitslosenzahlen führt einerseits dazu, dass Arbeitnehmer vermehrt aus ihrer Sicht unattraktive Arbeit annehmen. Andererseits nimmt in konjunkturell schlechten Zeiten das Unternehmerrisiko zu. Die Arbeitgeber werden daher tendenziell versuchen, möglichst viele unverbindliche Arbeitsverträge (zum Beispiel befristete Arbeitsverhältnisse) einzugehen, um das gestiegene Unternehmensrisiko auf die Arbeitnehmer zu überwälzen. Verbessert sich hingegen die konjunkturelle Lage, so verbessert sich die Verhandlungsposition der Arbeitnehmer. In der Folge sinkt das Niveau der prekären Arbeitsverhältnisse.

Prekäre Arbeitsverhältnisse – besteht Handlungsbedarf?

Im Rahmen der Untersuchung sind Interviews mit mehreren Vertretern der Arbeitnehmer und Arbeitgeber geführt worden, für welche – nicht überraschend – in unterschiedlichem Ausmass politischer Handlungsbedarf besteht. Aus ökonomischer Sicht können folgende zwei Punkte konstatiert werden: Erstens ist nicht jede Person, die in einem unerwünscht unsicheren, also prekären Arbeitsverhältnis steht, auch auf dieses Einkommen angewiesen: Rund 30 Prozent davon wohnen in Haushalten, die nicht auf das zusätzliche Einkommen aus dem prekären Arbeitsverhältnis angewiesen sind. Zweitens sind prekäre Arbeitsverhältnisse unter anderem eine Begleiterscheinung des flexiblen Schweizer Arbeitsmarkts. Diese Flexibilität wird jedoch als ein Grund für die vergleichsweise tiefe Arbeitslosigkeit in der Schweiz angesehen. Ob staatliche Massnahmen zur Reduktion von Unsicherheit in prekären Arbeitsverhältnissen ergriffen werden sollen, ist ein politischer Entscheid, bei welchem es aber folgende Punkte zu beachten gilt: Es werden 2,1 Prozent des Arbeitsvolumens in prekären Arbeitsverhältnissen geleistet, allfällige Massnahmen müssen so ausgestaltet sein, dass dadurch keine negativen Auswirkungen auf die übrigen 97,9 Prozent entstehen. Zudem haben wir eine beachtliche Konjunktursensibilität prekärer Arbeitsverhältnisse festgestellt, welche es genauer zu untersuchen gilt: Verhindern prekäre Arbeitsverhältnisse in konjunkturell schlechten Zeiten in erster Linie zusätzliche Arbeitslosigkeit oder nützen die Arbeitgeber ihre stärkere Verhandlungsposition aus?

Von der Flexibilität zur Flexicurity

Bei den prekären Arbeitsverhältnissen kann somit nicht klar gesagt werden, ob beziehungsweise welche Massnahmen ergriffen werden sollen; es besteht auch kein Trend zur Prekarität. Demgegenüber sind in Zukunft deutlich mehr flexible Arbeitsverhältnisse zu erwarten. Im Hinblick auf die zunehmende Flexibilität sind folgende zwei Aspekte genauer zu prüfen:

– Reformen bei den Sozialversicherungen: Die heutigen Sozialversicherungen sind in vielen europäischen Ländern nur ungenügend auf die zunehmende Flexibilität im Arbeitsmarkt zugeschnitten und gewährleisten die soziale Sicherheit von Beschäftigten in atypischen Arbeitsverhältnissen weniger gut als von Beschäftigten in Normalarbeitsverhältnissen. Dieses Problem fordert das Sozialversicherungssystem und damit den Sozialstaat heraus. In der Schweiz bestehen für atypische Arbeitsverhältnisse insbesondere in der beruflichen Vorsorge (BVG) und der Arbeitslosenversicherung verschiedene Benachteiligungen.

– Gewährleistung der «Passagensicherheit»: Eine wichtige Rolle im zukünftigen Arbeitsmarkt wird die Gewährleistung der sogenannten Passagensicherheit haben. Darunter wird die Absicherung von Übergängen zwischen Erwerbspositionen verstanden, zum Beispiel der Übergang von einem Arbeitsverhältnis ins nächste oder auch der Übergang von der Erwerbslosigkeit in ein Arbeitsverhältnis. Die Gewährleistung der Passagensicherheit führt verstärkt dazu, dass die Stigmatisierung von Arbeitslosigkeit oder gewissen atypischen Arbeitsverhältnissen wegfällt.

Die beiden Aspekte bilden wichtige Pfeiler in den heute diskutierten und teilweise bereits umgesetzten «Flexicurity-Strategien». Unter diesem Stichwort wird ein Forschungszweig verstanden, welcher Flexibilität mit sozialer Sicherheit verbinden will. Das Ziel sind neue Lösungen im System sozialer Absicherung zu entwickeln, welche Flexibilität auf dem Arbeitsmarkt ermöglichen und trotzdem eine gewisse soziale Sicherheit für die Arbeitnehmenden – insbesondere für jene in flexiblen oder atypischen Arbeitsverhältnissen – gewährleisten. Flexicurity-Strategien werden heute zum Beispiel in den Niederlanden und in Dänemark umgesetzt.

Die Probesitzer von Rabenau

Michel Mettler

geboren 1966 in Aarau, lebt als freier Autor und Dramaturg in Brugg. Seit 2003 ist er mit der Gruppe «Vier Maultrommeln» lesend und musizierend unterwegs. 2006 erschien sein erstes Buch, der Roman «Die Spange» (Suhrkamp). Es wurde mit dem Förderpreis der Schweizerischen Schillerstiftung ausgezeichnet.

Herzog hat es uns beigebracht: zu sitzen. Das volle Gewicht in die Schale zu werfen. Mit ächzenden Schotten im Polster zu ruhen wie ein gut gebautes Schiff im Wasser. Es sei ein Kreuz mit den sitzenden Berufen, hat er gesagt. Alles ins eigene Becken zu leiten: Ideen, Vektoren, Pfunde ... Dass es ein regelrechter Beruf sein könnte, hätten wir nie gedacht – eine Arbeit gar!

Kein Wunder, stammt die Idee von ihm, der ja einschlägige Erfahrung besitzt. Er war lange als Probesitzer beim Sesselmulti tätig und ist dort Stuhl für Stuhl befördert worden – «rausbefördert», wie er mal sagte: «Mein letztes Testobjekt war ein Schleudersitz. Nach meinem *Gut zum Bau* flog ich. Die Probesitzerei wurde outgesourct.»

Je ein Sesselkleber gewesen zu sein, hat er stets bestritten. Vielmehr habe er sich durch alle Abhärtungsgrade des Gesässfleisches hochgedient. Begonnen? Ganz unten selbstredend, in der Massenfertigung: Nach der Materialkontrolle seien ihm die Stühle überlassen worden, «Funktionstest» im Betriebsjargon. Hinsetzen, aufstehen, hinsetzen, wieder aufstehen – ein Leben am Ende des Fliessbands, anstrengender als Gewichtheben.

Ja, nachts im Bett seien die Wadenkrämpfe schon heftig gewesen. Doch selbst im Traum habe er weitergemacht, ganz besessen vom Sitzen: in futuristischen Gelenk- und Plasmasesseln, Eigenentwürfen zumeist, einige davon ergonomische Meisterwerke. Er habe von der grundlegenden Neuerfindung des Sitzens geträumt – auf du und du mit der Schwerkraft, das Gesäss als *die* schöpferische Zone schlechthin. Immer wieder habe er Skizzen herumgereicht. Sie seien nur belächelt worden. Kein Arsch habe Augen für die Genialität seiner Entwürfe gehabt.

Trotzdem sei es irgendwann aufwärts gegangen. Im Büro *Planung & Projekte* habe er Prototypen getestet – zwar nicht die eigenen, aber immerhin: mit der Entwicklungsabteilung zusammengearbeitet; nächtelang über Anstellwinkeln gebrütet; an Details der Federung gefeilt; im Nachsitzen versucht, bei der Betriebsorthopädin zu landen; Polsterhärten evaluiert; am Hauptsitz den Doppelsitzer probiert; schwer einen sitzen gehabt ...

Das alles ist vorbei. Es gibt kein Berufsleben mehr, nur noch «hartes Brot und Spielchen», wie Herzog sagt. Damals habe er noch ein Heim besessen, zwischen Arbeits- und Freizeitkleidung unterschieden. Doch seine Frau sei wohl schon da mit dem Gedanken schwanger gegangen, beziehungstechnisch ins Lager der Arbeitgeber überzuwechseln. Dieses Manöver habe sie verdammt elegant hingekriegt. Heute lebe sie fest installiert auf der Teppichetage, verheiratet mit einem hohen Tier, unerreichbar in einer der abgeriegelten Villenzonen, hinter Überwachungskameras, Gegensprechanlagen, fernbedienbaren Toren und möglicherweise sogar elektrischen Zäunen.

Herzogs Stimme ist kaum von Bitternis getrübt. «Ja, ja, zuweilen ist mir das Herz schon in die Hose gesackt», frotzelt er, «hinab zur Sitzfront, wo die Knautschzone unseres Metiers liegt. Doch darüber bin ich hinweg. Heute sitze ich nur noch um des Sitzens willen.»

Auf Herzogs Vorschlag also geht zurück, was heute unser Steckenpferd ist: die öffentliche Probesitzerei in den Möbelhäusern der Gegend. Letzten Februar hatten wir das tagelange Rumstehen an der Kälte plötzlich satt, hatten genug von der Zugluft in den Warenhauseingängen, und zehn Kaffees bis zum Mittag verträgt auch keiner. Herzog schlug vor, mit den letzten Reserven präsentable Kleider anzuschaffen und durch die Möbelcenter zu ziehen – picobello gestylt, im Gesicht das kaltlächelnde Selbstbewusstsein jener Dauersolventen, die kurz vor dem grossen Kaufabschluss stehen. «Den aufrechten Gang wiederentdecken», wie Herzog es nannte. So abwegig die Idee sein mag, mit seiner Devise hat er uns Sitzengebliebene überzeugt.

Viele von uns hatten sich abgewöhnt, auf ihr Äusseres zu achten: Sie hockten ihre Tage ab, liessen sich gehen, teiggesichtig und trauergerändert, zu schweigen von den Mikrobenpopulationen in ihren Bärten. Ihre Hemdkragen brauchten nicht gestärkt zu werden, sie standen vom Eigenfett. So fielen wir anfangs doch etwas aus dem gutbürgerlichen Rahmen, auch visuell. Doch niemand liess sich etwas anmerken – schon immer ist die eiserne Diskretion Rabenaus Markenzeichen gewesen. Im übrigen haben wir uns auch vor dem Spiegel als lernfähig erwiesen: Viele von uns sehen inzwischen fast seriöser aus als die Seriösen.

Zunächst beschränkten wir uns darauf, in Untergrüppchen – streng auf Käuferblick bedacht – durch den Prunk der Wohnschlösser zu wallfahrten, da und dort eine Sachdebatte vom Zaun zu brechen, prüfende Finger an Lampenschirme zu legen und zwischendurch ein pittoreskes Sofa-Nickerchen im Verhau der Wohnwände zu wagen. Mit der Zeit wuchs unser Mut: Die Aufenthalte wurden länger, das Verhalten kecker. Schon bald hatten wir uns auf die bequemsten Sitzgruppen kapriziert. Später gingen wir gar zur Simulation eines fest installierten Wohnlebens über, liessen uns von der Fürsorge Tee im Thermoskrug mitgeben, erstanden im Brockenhaus nobles Porzellan und suchten uns die käuferarmen Nachmittage aus, an denen das Personal in eine Art Halbschlaf fiel, um in Schaufenstern unser Teatime zu zelebrieren, mehr bestaunt als beargwöhnt von den Passanten, die uns wohl als Lebend-Exponate missverstanden, als Teil des Ausstellungskonzepts, als kleines Echthaarimitat in der Kunstwelt der Auslagen.

«Ihr müsst residieren!», hatte Herzog gesagt, «Hof halten; sesshaft werden, *ansässig.* Nur Mut, erklärt im Sitzstreik euren Sessel zum Thron!» Ja, gewiss: Herzog ist Profi, der hat gut reden neben uns, die wir uns manchmal Hilfs-Schemel schimpfen, Amateur-Hocker oder, schlimmer noch, Sitzlakaien.

Wir haben gelernt, unser Restleben von der spielerischen Seite zu sehen. Anders wäre es kaum möglich, als Gruppe zu bestehen, und erst noch in aufgeräumter Stimmung, wie es erwartet wird. So gehen wir inzwischen recht luftig an, was man unser sozialpolitisch angebahntes Schicksal nennen könnte – und wissen doch, dass unsere Obdach- und Arbeitslosigkeit die Folge eines scharf kalkulierten Bauernopfers ist.

Ist es etwas gar ambitionslos, so zu denken? Resignativ? Defätistisch? Vermasseln wir uns so die letzten Chancen? Keineswegs, denn für uns gibt es diese letzten Chancen nicht mehr: Sie sind von der Landkarte selbst unserer intimsten Hoffnungen längst wegradiert. Wir wissen, dass unsere Entfernung vom Hochglanz der gesellschaftlichen Bildflächen unumstösslich ist.

Heute sind die Unverfrorensten zum Daueraufenthalt übergegangen, sind Fulltime-Wohnsimulanten geworden. So unauffällig nomadisieren sie von Rayon zu Rayon, so geschickt verwischen sie jede Spur ihres Einwohnertums, dass kein Laie auf den Gedanken käme, sie könnten sich vom Gros der Kaufhungrigen unterscheiden. Lange vor Verkaufsbeginn rollen sie in der Treckingabteilung ihre Schlafsäcke zusammen, verstauen das Survival-Kit im Schrank und wechseln ins Badezimmer-Ressort; von dort an die frische Luft und weiter zur Suppenküche. Mit Kollegen kehren sie gegen Mittag für ein Kartenspiel in den Wohnzimmersektor zurück, gehen für eine Partie Tischtennis in die Freizeitetage hinab und verfügen sich später, wenn die Spielfilmzeit beginnt, ins «Electronic-Land». «Indoor-Camping» hat Herzog diese Lebensweise genannt, «Picknick unterm Dache» oder «Survival im Trockenen».

Auch wir, die wir Teilzeitgäste geblieben und weiterhin Benutzer der Notschlafstelle sind, haben längst die nötigen Instinkte ausgebildet, um unangenehmen Begegnungen auszuweichen. Wenn ein hohes Tier von der Firmenverwaltung im Anmarsch ist, brechen wir flugs unsere Zelte ab – Tassen, Thermoskanne, Zuckerstreuer – und schlendern unter Verwendung der klassischen Käufergebärdensprache davon, verwaisteren Wohnwelten entgegen, Furniernamen rezitierend, das Rotwelsch der kauffreudigen Eigenheimbesitzer auf den Lippen ...

Es gelingt uns inzwischen ganz gut, alle äusseren Stresssymptome vor den Blicken der Käufer zu verbergen. Immerhin haben wir ein Dach über dem Kopf, ja mehr als eines, und als Darsteller des gewöhnlichen Lebens sind wir mittlerweile so geübt, als führten wir es selbst.

Nur in unseren Träumen verlässt uns manchmal die Zuversicht. Dann zweifeln wir plötzlich an der Standfestigkeit der Regale, am Immergrün der Sitzecken und der verjüngenden Kraft der Zimmerbrunnen – an der Festgefügtheit unserer geduldeten Existenz –, und wir fantasieren uns in jenes Arbeitsleben zurück, dessen Ergebnisse noch zählbar waren. Wir wissen zwar, dass das unklug, ja selbstzerstörerisch ist, aber was soll man gegen Träume machen?

Herzog übrigens haben wir leider aus den Augen verloren. Er soll auf verschlungenen Pfaden Hauswart eines grossen Abhollagers in der Agglomeration geworden sein: Niemand aus der festen Belegschaft sei ihm hinsichtlich Hauskenntnis ebenbürtig gewesen, und bereits habe er durch schnelle Reaktionen (wohl mit der Thermoskanne) einen Grossbrand verhindert. Wir bewahren ihm ein ehrendes Andenken, haben gar eine unserer Lieblingsstellen im Gartencenter nach ihm benannt: die Thuja-Umfriedung mit der Hollywoodschaukel, die nun also «Herzogswinkel» heisst.

Die Dinge haben sich ergeben. Schon vor einiger Zeit sind uns die Betreiber der grossen Möbelhäuser Rabenaus auf die Schliche gekommen. Doch nach anfänglichen Störaktionen lassen sie uns gewähren. Sie haben begriffen, dass unsere Anwesenheit verkaufsfördernd wirkt. Wir wiederum tun, als wüssten wir von unserer Überführtheit nichts. Und es sieht ganz so aus, als würde sich auf absehbare Zeit an diesem Zustand gegenseitiger Duldung wenig ändern.

Einen Ausweg sehen wir allerdings, und es wäre nicht der übelste: Uns muss lebenslanges Asyl in den Ausstellungen gewährt werden, ein ganzjähriges, nicht auf den Winter beschränktes Bleiberecht in den Jagdgründen der Wohnlichkeit. Die Möbelcenter sollten offiziell zu Reservaten für Stadtindianer erklärt werden. Längst sind wir ja unverzichtbarer Teil des Feilgebotenen, eigentliches Lebend-Mobiliar – ein Wunder, dass man den Grossbestellern nicht als Geschenk einen von uns mitliefert, als Ziereinwohner, der das Haus belebt, die Kaffeemaschine entkalkt und die Pflanzen giesst, während der Besitzer auf der Arbeit ist.

Wie auch immer: Inzwischen ist unsere Bedeutung für den Verkaufsprozess so klar erwiesen, dass wir im Grunde Entlöhnung für unsere Anwesenheit fordern sollten. Und hätte endlich jemand den Mut, uns mit einem Preisschild zu bekleben, so bestünde gar die Möglichkeit, eine Partnerin – oder bleiben wir auf dem Teppich: eine *Wohn*partnerin zu finden.

Wolfgang Bortlik

Schwund

Wenn dein starker Arm es will –
Also hat man dir gesagt,
Arbeitsmann, sei unverzagt –
Stehen alle Räder still

Wenn dein starker Arm es will –
Arbeitsmann, o Salz im Teig
Und so mächtig durch den Streik –
Bleibt das Kaufhaus niemals still

Tag und Nacht als gute Kunden
All die wunderschönen Sachen
Geld im Kaufhaus geht dahin

Arbeit ist hinweg geschwunden
Hört die Aktionäre lachen
Ausgesteuert fürderhin

Ausgrenzung oder Integration
Was geschieht nach der Aussteuerung?

Daniel C. Aeppli, Dr. phil.,
studierte Psychologie in Zürich und München und arbeitet
als Sozialforscher und Übersetzer in Basel.

In der Schweiz verloren im Jahre 2005 jeden Monat durchschnittlich rund 3200 arbeitslose Menschen ihren Anspruch auf Arbeitslosenentschädigung, weil sie die maximale Anzahl Taggelder bezogen hatten oder ihre Rahmenfrist abgelaufen war. Damit wurden diese Personen ausgesteuert, wie der Verlust des Anspruchs im schweizerischen Verwaltungsgebrauch bezeichnet wird. Was mit diesen Menschen nach der Aussteuerung geschieht, ist weitgehend unbekannt. Um das Wissen darüber zu verbessern, sind seit 1995 Befragungen von Betroffenen durchgeführt worden. Aufgrund deren Resultate lassen sich Handlungsmöglichkeiten für den zukünftigen Umgang mit Ausgesteuerten skizzieren.

Um mehr Informationen über die Situation der Ausgesteuerten zu gewinnen, sind Befragungen von betroffenen Personen notwendig. Schon in den Jahren 1995, 1997 und 1999 sind solche Befragungen durchgeführt worden. Die Befragung, die diesem Beitrag zugrunde liegt, fand in den Monaten September und Oktober 2005 statt. Die Grundgesamtheit für die Studie bildeten alle rund 56 000 Personen, die von der schweizerischen Arbeitslosenversicherung im Zeitraum zwischen dem 30. Juni 2003 und dem 31. Dezember 2004 ausgesteuert wurden. Wir befragten telefonisch 1044 Betroffene aus der ganzen Schweiz, die für die Grundgesamtheit repräsentativ sind, anhand eines Fragebogens. Die Befragung erfolgte in den sechs Sprachen Deutsch, Französisch, Italienisch, Albanisch, Türkisch und Serbo-Kroatisch. Auftraggeberin war die Aufsichtskommission für den Ausgleichsfonds der Arbeitslosenversicherung.

Das Wissen über die Lage der Ausgesteuerten verbessern

Bevor die Befragung statt fand, untersuchten wir die bereits vorhandenen Merkmale der ausgesteuerten Menschen. In diese Datenanalyse bezogen wir alle rund 56 000 Personen mit ein; es handelte sich hier also um eine Vollerhebung. Als Vergleichszahlen wählten wir die Jahresdurchschnitte der registrierten Arbeitslosen des Jahres 2004 des Staatssekretariats für Wirtschaft (seco) und die Ergebnisse zu den Erwerbspersonen der Schweizerischen Arbeitskräfte-Erhebung (SAKE) des Bundesamts für Statistik (BFS) für das Jahr 2004. Die wichtigsten Ergebnisse der Datenanalyse lassen sich wie folgt zusammenfassen:

– Die Verteilungen des Merkmals *Geschlecht* in der Grundgesamtheit, unter den registrierten Arbeitslosen und unter den Erwerbspersonen sind nahezu identisch. Die Wahrscheinlichkeit, arbeitslos und ausgesteuert zu werden, ist also für Frauen und Männer gleich gross.

– Unter den Erwerbspersonen sind etwas mehr als ein Fünftel *Ausländer*, unter den registrierten Arbeitslosen jedoch etwas mehr als zwei Fünftel. Die Wahrscheinlichkeit, arbeitslos zu werden, ist also für Ausländer fast doppelt so gross als für Schweizer. Unter den Ausgesteuerten befinden sich nochmals anteilsmässig mehr Ausländer als Schweizer. Der Unterschied macht mit fünf Prozentpunkten hier jedoch weniger aus. Ausländer sind anteilsmässig öfters von der Arbeitslosigkeit und Aussteuerung betroffen, weil sie vielfach schlechter qualifiziert sind als Schweizer.

– *Junge*, bis 29-jährige Personen werden überdurchschnittlich oft arbeitslos, laufen aber unterdurchschnittlich oft Gefahr, ausgesteuert zu werden. *Ältere Personen* ab 49 Jahren verlieren unterdurchschnittlich oft ihre Stelle, ihre Wahrscheinlichkeit, ausgesteuert zu werden, ist jedoch überdurchschnittlich gross. Die Wiedereingliederung von arbeitslosen Personen ab 49 Jahren in die Arbeitswelt ist also besonders schwierig. Die Resultate der Befragung von 2005 zeigen, dass sich die Schwierigkeiten bei der Arbeitssuche in dieser Altersgruppe nach der Aussteuerung fortsetzen.

Wer findet wieder Arbeit?

Was sagt die Befragung vom Herbst 2005 aus: Von den antwortenden 1044 ausgesteuerten Menschen verfügte leicht weniger als die Hälfte, nämlich 48 Prozent, im Zeitpunkt der Befragung wieder über eine Arbeit. Die anderen 52 Prozent hatten noch keine neue Stelle gefunden oder ihre neue Arbeit in der Zwischenzeit wieder verloren. Der Vergleich mit den drei früheren Studien ergibt das folgende Bild:

Anteil der Befragten, die wieder eine Arbeit gefunden haben (in %)

1995	1997	1999	2005
50	43	51	48

Wie hoch der Anteil der Ausgesteuerten ausfällt, die wieder Arbeit finden, hängt stark von der Entwicklung der Arbeitslosigkeit ab, und etwas weniger ausgeprägt vom Wachstum des Brutto-Inland-Produkts (BIP). 1997 war die jährliche Arbeitslosenquote mit über 5 Prozent im Verlauf der letzten zwölf Jahre am höchsten und das Wachstum des BIP mit 1 Prozent recht tief. In diesem Jahr fanden im Vergleich der vier durchgeführten Studien auch am wenigsten Ausgesteuerte eine neue Stelle. 1999 fiel die jährliche Arbeitslosenquote erstmals seit mehreren Jahren unter 3 Prozent und das Wachstum des BIP war im Vorjahr 1998 mit fast 3 Prozent das zweithöchste der letzten zwölf Jahre. Die Entwicklung des BIP wirkt sich meistens verzögert auf die Arbeitswelt aus. Im Jahr 1999 war der Anteil der Ausgesteuerten, die wieder zu einer Arbeit gelangten, denn auch mit 51 Prozent bisher am höchsten. Die Ergebnisse aller vier bisherigen Studien sind hier also sehr robust, denn sie werden nur von der wirtschaftlichen Situation und insbesondere von der Beschäftigungslage beeinflusst. Die Entwicklung der Anzahl Ausgesteuerter verläuft – etwas zeitverschoben um die Bezugsdauer der Arbeitslosenentschädigung – praktisch gleichförmig mit der Entwicklung der Arbeitslosenquote.

Ältere und ungelernte Ausgesteuerte haben grosse Probleme bei der Stellensuche

Die Chancen der Gruppe der über 49-jährigen Ausgesteuerten, wieder ins Erwerbsleben zu gelangen, sind entschieden schlechter als diejenigen der beiden jüngeren Altersgruppen. Unter den über 49-jährigen fand nur etwas mehr als ein Drittel, nämlich 36 Prozent, eine neue Arbeit, unter den beiden jüngeren Gruppen dagegen mehr als die Hälfte. Dieser Unterschied ist hoch signifikant. Interessant ist, dass sich die Situation der über 49-jährigen nicht ändert, wenn sich die allgemeine Beschäftigungslage verbessert, denn 1999 stieg der Anteil der erfolgreichen Stellenbewerber dieser Altersgruppe nur ganz unmerklich. Die beiden jüngeren Gruppen konnten jedoch 1999 von der günstigeren Wirtschaftslage profitieren.

Die Chancen, wieder eine Stelle zu finden, vermindern sich mit abnehmender Qualifikation deutlich. Unter den gelernten Ausgesteuerten hatten im Zeitpunkt der Befragung 54 Prozent eine Arbeit, unter den angelernten 41 Prozent und unter den ungelernten 37 Prozent. Dieser Unterschied ist bedeutend. Er bestand schon 1999 und hat sich akzentuiert. 1997 wurde nur nach der Schulbildung der Antwortenden gefragt. Es konnte aber damals schon nachgewiesen werden, dass Personen, die nur die obligatorische Schule besucht haben, auf überdurchschnittliche Schwierigkeiten bei der Stellensuche stossen.

Die gefundene Arbeit ist oft prekär

Von den 499 Personen, die wieder Arbeit fanden, verdiente fast die Hälfte deutlich weniger als vor der Arbeitslosigkeit. Nur etwas mehr als ein Drittel konnte den Lohn gleich halten oder verbessern. Etwas mehr als ein Viertel der Ausgesteuerten erzielten mit der neuen Arbeit einen Verdienst, der deutlich unter dem Betrag ihrer zuletzt erhaltenen Arbeitslosenentschädigung lag. 16 Prozent erhielten einen neuen Lohn, der etwas weniger als der Betrag der letzten Arbeitslosenentschädigung ausmachte.

Nur die Hälfte der wieder erwerbstätigen ausgesteuerten Menschen verfügte über eine feste Stelle. Die andere Hälfte musste sich mit einer befristeten Stelle, mit temporärer Arbeit, mit

Arbeit auf Abruf oder in einem Beschäftigungsprogramm – also mit prekärer Arbeit – zufrieden geben oder sich selbständig machen. Ganze zwei Fünftel der ausgesteuerten Menschen, die wieder zu einer Arbeit gelangten, hatten lediglich eine Teilzeitstelle inne. Mehr als die Hälfte musste den Beruf wechseln.

▬ Viele Ausgesteuerte sind auf Sozialhilfe oder Leistungen der IV angewiesen

Die Bedeutung der Sozialhilfe nimmt ständig zu. 29 Prozent der Ausgesteuerten ohne Arbeit müssen die Unterstützung der Sozialhilfe in Anspruch nehmen. 1999 waren es erst 23 Prozent gewesen. Von den Ausgesteuerten mit Arbeit müssen sechs Prozent den Lohn mit Sozialhilfe ergänzen, weil dieser zum Leben allein nicht ausreicht. Hochgerechnet auf der Basis von allen rund 38 000 Ausgesteuerten des Jahres 2005 ergibt dies allein für diesen Jahrgang rund 6800 Menschen, die ganz oder teilweise von der Sozialhilfe abhängig sind. Dazu kommt noch, dass ein ganzes Viertel der Ausgesteuerten mit Arbeit (zusätzlich zum Lohn) und beinahe ein Drittel der Ausgesteuerten ohne Arbeit von den Ersparnissen leben. Manche davon werden später um Sozialhilfe nachsuchen müssen, wenn das Vermögen aufgebraucht ist.

Wie lauten die Resultate bezüglich Invalidität: 14 Prozent der Ausgesteuerten ohne Arbeit beziehen Leistungen der Invalidenversicherung (IV) oder haben einen Antrag dazu gestellt. Vier Prozent der Personen mit Arbeit sind teilinvalid und erhalten neben dem Lohn eine Rente oder ein Taggeld der Invalidenversicherung oder haben dazu einen Antrag gestellt. Hochgerechnet auf der Basis von allen rund 38 000 Ausgesteuerten des Jahres 2005 ergibt dies allein für diesen Jahrgang rund 3500 Menschen, die ganz oder teilweise von der Invalidenversicherung abhängig sind.

Die Sozialhilfe und die Invalidenversicherung werden also durch die Aussteuerungen stark belastet. Es ist zu befürchten, dass der Trend zum Anstieg des Anteils der Personen, die der Sozialhilfe bedürfen, noch weiter anhält. Der Anteil der Invalidenversicherung wird vermutlich weiterhin zwischen 10 und 15 Prozent liegen.

Mit wem wurde die Stellensuche besprochen?

Zwei Drittel der antwortenden ausgesteuerten Menschen gaben an, die Stellensuche im Regionalen Arbeitsvermittlungs-Zentrum (RAV) besprochen zu haben. Dass die RAV hier weit an der Spitze stehen, erstaunt nicht, denn sie wurden ja dazu eingerichtet, um die Arbeitssuche mit den Arbeitslosen zu diskutieren und sie zu beraten. Allerdings ist es für Ausgesteuerte nicht mehr obligatorisch, das RAV aufzusuchen, weshalb es von einem Drittel gar nicht erwähnt wird. Ausser den RAV gibt es drei Personengruppen, mit denen die ausgesteuerten Menschen die Stellensuche oft besprechen und deren Anteile nahe beieinander liegen: Der Freundes- und Kollegenkreis mit einem Anteil von 30 Prozent, der Lebenspartner beziehungsweise die Lebenspartnerin, Familie, Verwandte mit 29 Prozent und die privaten Stellenvermittlungs-Büros mit 25 Prozent. Alle anderen Amtsstellen und Organisationen, wie zum Beispiel das Sozialamt, die Arbeitslosenkasse, die Berufsberatung, die Invalidenversicherung oder die Gewerkschaften haben nur eine geringe Bedeutung und bleiben alle unter einem Anteil von zehn Prozent. Nachdenklich stimmt, dass neun Prozent der Ausgesteuerten gar niemanden haben, um die Stellensuche zu besprechen. Dies zeigt, wie die Arbeitslosigkeit in die Isolation führen kann.

Wie hat die Besprechung geholfen?

Für jede Personengruppe beziehungsweise Institution, die der jeweilige befragte ausgesteuerte Mensch als Gesprächspartner bei der Stellensuche angab, fragten wir zusätzlich, wie viel die betreffende Personengruppe beziehungsweise Institution dabei geholfen habe. Wir beschränken uns hier auf die Resultate zu den beiden am häufigsten genannten, nämlich zu den RAV und zum Freundes- und Kollegenkreis. Von allen Personen, die das RAV als Gesprächspartner angegeben hatten, sagte nur rund ein Sechstel, dieses habe bei der Stellensuche viel oder sehr viel geholfen, fast zwei Drittel aber waren der Auffassung, dieses habe nicht viel oder überhaupt nicht geholfen.

Von allen Personen, welche die Arbeitssuche im Freundes- und Kollegenkreis besprachen, sprach dagegen mehr als ein Drittel davon, dieser habe bei der Suche viel oder sehr viel geholfen, nur ein Drittel, dieser habe nicht viel oder überhaupt nichts geholfen. Hier muss allerdings angefügt werden, dass viele Ausgesteuerte nur Kontakt mit dem RAV hatten, als sie noch Arbeitslosenentschädigung beziehen konnten und diese Erfahrungen deshalb oft weiter in der Vergangenheit liegen als die Gespräche im Freundes- und Kollegenkreis. Die private Stellenvermittlung steht nicht besser da als die RAV, ihre Ergebnisse sind mit denjenigen der RAV praktisch identisch. Die Lebenspartner oder Lebenspartnerinnen, Familie, Verwandte schneiden noch besser ab als der Freundes- und Kollegenkreis: 47 Prozent fanden hier viel oder sehr viel Hilfe bei der Arbeitssuche.

Schadet Arbeitslosigkeit der Gesundheit?

Wie bereits in einer kurz zurückliegenden Nationalfonds-Studie (Aeppli, Kälin, Ott & Peters, 2004) zeigte sich auch hier, dass sich die Gesundheit der Ausgesteuerten je nach Erwerbsstatus stark unterscheidet. Währenddem unter den ausgesteuerten Menschen, die wieder eine Arbeit fanden, sich nur fünf Prozent über eine schlechte bis sehr schlechte Gesundheit beklagten, waren es unter den weiterhin erwerbslosen drei Mal mehr, nämlich 16 Prozent. Für dieses Resultat gibt es zwei Erklärungsansätze:

1. Die weiterhin arbeitslosen Personen sind bei schlechterer Gesundheit als die wieder erwerbstätigen, weil die lange Arbeitslosigkeit ihrer Gesundheit geschadet hat.

2. Die weiterhin erwerbslosen Personen waren schon gesundheitlich angeschlagen, als sie noch einer Arbeit nachgingen, und finden wegen ihrem schlechten Gesundheitszustand schwerer eine neue Stelle.

Welcher der beiden Ansätze der richtige ist, konnte bis jetzt noch nie eindeutig nachgewiesen werden. Die entsprechende Frage zur aktuellen Gesundheit stammt aus der Schweizerischen Gesundheitsbefragung des Bundesamts für Statistik. Gemäss der letzten gesamtschweizerischen Befragung im Jahre 2002 betrug der Anteil der Personen in der schweizerischen Gesamtbevölkerung, die ihre Gesundheit als schlecht oder sehr schlecht beurteilten, lediglich drei Prozent. Unter den weiterhin erwerbslosen Ausgesteuerten sind also anteilsmässig fünf Mal mehr Personen mit schlechter oder sehr schlechter Gesundheit als unter der Gesamtbevölkerung.

Unter den Personen mit Arbeit sind anteilsmässig deutlich mehr, deren Gesundheit seit der Aussteuerung eher besser oder viel besser geworden ist, als unter den Personen ohne Arbeit. Bei einigen könnten die Wiedereingliederung in die Arbeitswelt, das dadurch erstarkte Selbstvertrauen und die neuen Kontakte am Arbeitsplatz zu dieser Verbesserung beigetragen haben. Umgekehrt sind unter den Menschen ohne Arbeit anteilsmässig doppelt so viele, deren Gesundheit sich eher verschlechtert oder stark verschlechtert hat, als unter den Menschen mit Arbeit.

Der Anteil der weiterhin arbeitslosen Ausgesteuerten, die sich sehr häufig oder ziemlich häufig einsam fühlten, ist deutlich höher als der Anteil unter den Personen mit Arbeit. Dies erstaunt nicht, denn während der Arbeit entstehen viele Kontakte, auf welche die erwerbslosen Menschen verzichten müssen. Ausserdem ziehen sich viele Arbeitslose von sich aus eher zurück. Die entsprechende Frage zur Einsamkeit stammt aus der Schweizerischen Gesundheitsbefragung. Gemäss der letzten Gesundheitsbefragung im Jahr 2002 betrug der Anteil der Personen in der schweizerischen Gesamtbevölkerung, bei denen das Gefühl der Einsamkeit ziemlich häufig oder sehr häufig vorkam, lediglich zwei Prozent. Unter den Ausgesteuerten mit und ohne Arbeit fühlen sich also anteilsmässig 12 bis 19 Mal mehr Personen ziemlich häufig oder sehr häufig einsam als unter der Gesamtbevölkerung.

Grosse Unterschiede in den beruflichen Zukunftsaussichten

Die Personen mit und ohne Arbeit unterscheiden sich in der Beurteilung ihrer beruflichen Zukunftsaussichten extrem stark. 59 Prozent der Menschen mit Arbeit sehen ihre beruflichen Aussichten, zum Beispiel ihre jetzige Stelle zu behalten, eine bessere Stelle zu finden, sich sonst beruflich zu verbessern, als gut oder sehr gut an. Anteilsmässig fast gleich viel, nämlich 57 Prozent der Personen ohne Arbeit beurteilen dagegen ihre Aussichten, eine neue Stelle zu finden, als schlecht oder sehr schlecht.

Wer über Arbeit verfügt, sieht seine ganz allgemeinen Zukunftsaussichten bedeutend positiver als wer ohne Stelle ist. Mehr als zwei Drittel der Ausgesteuerten mit Arbeit beurteilten ihre allgemeinen Zukunftsaussichten als gut oder sehr gut, von den weiterhin arbeitslosen lediglich etwas mehr als ein Drittel. Dies zeigt, welch grosse Bedeutung die Arbeit auch heute noch hat. Sie gilt anscheinend für viele immer noch als wichtiger Zugang zu einer aussichtsreichen Zukunft. Es kann ausserdem sein, dass mehr erwerbslose Ausgesteuerte schlechte Zukunftsaussichten sehen, weil der Anteil an Personen mit gesundheitlichen Problemen unter ihnen grösser ist als unter denjenigen mit Arbeit.

Wie können Ausgesteuerte in Zukunft wieder integriert werden?

Besondere Probleme, nach der Aussteuerung wieder eine Arbeit zu finden, haben vor allem Personen im Alter von 50 und mehr Jahren, ungelernte Personen und Hilfskräfte. Es braucht speziell grosse Anstrengungen, um den älteren und den ungelernten ausgesteuerten Menschen wieder einen Zugang in die Arbeitswelt zu verschaffen. Dies kann geschehen, indem die bestehenden Institutionen diese Personen intensiver betreuen und bei der Stellensuche unterstützen oder indem eine neue Institution speziell zu diesem Zweck geschaffen wird. Heute fühlt sich nämlich keine der bestehenden Organisationen wirklich für Ausgesteuerte zuständig. Das Personal der bestehenden oder der neuen Institution muss gezielt weitergebildet und sensibilisiert werden, damit es auf die speziellen Bedürfnisse der älteren und der wenig qualifizierten Arbeitnehmer eingehen und diesen gerecht werden kann. Möglicherweise braucht es Kurse und Beschäftigungsprogramme, die spezifisch auf ältere Menschen ausgerichtet und zugeschnitten sind. Zurzeit werden die meisten Kurse und Beschäftigungsprogramme noch nicht nach Altersgruppen getrennt geführt.

Weiter kann beobachtet werden, dass ältere Personen über 50 Jahren weniger geachtet werden und über sie Vorurteile – nicht zuletzt am Arbeitsplatz – bestehen. Es wird zu wenig beachtet, dass sie Vorzüge aufweisen, die jungen Arbeitskräften fehlen, zum Beispiel können sie sich auf eine grosse Erfahrung abstützen. Diese wertvolle Erfahrung geht verloren, wenn ältere Menschen frühpensioniert, entlassen oder nicht mehr angestellt werden. Ausserdem wird in wenigen Jahren ein Mangel an Arbeitskräften herrschen, weil weniger junge Menschen in die Arbeitswelt eintreten. Dann werden die älteren Personen, die heute noch zur Seite geschoben werden, dringend benötigt. Es wäre hilfreich, generell ein Klima zu schaffen, in dem ältere Menschen wieder mehr respektiert und geschätzt werden. Es ist uns klar, dass diese Anregung über die Aufgaben und Möglichkeiten der Arbeitsmarktbehörden hinausgeht und dem allgemeinen Trend in der Wirtschaft entgegenläuft, wo momentan junge Arbeitnehmer gefragt sind. Trotzdem sei sie hier erwähnt. Ein weiteres Problem bei der Stellensuche der älteren Personen besteht darin, dass die Prämienansätze der Pensionskassen mit zunehmendem Alter stark ansteigen, was Firmen davon abhält, ältere Menschen einzustellen. Ein einheitlicher Prämiensatz für alle Altersgruppen könnte hier Abhilfe schaffen.

Den ungelernten Personen können Weiterbildung und Umschulung neue Türen zur Arbeitswelt öffnen, soweit sie bildungsfähig sind. Es wird jedoch immer Menschen geben, die nur wenig lernfähig sind, nur einfache Arbeiten ausführen können und denen Umschulung und Weiterbildung wenig bringen. Für sie braucht es genügend Stellen mit einfachen Aufgaben. Da solche Stellen im ersten, regulären Arbeitsmarkt immer mehr abnehmen, weil sie der Rationalisierung und Automatisierung zum Opfer fallen, wäre zu überlegen, ob es nicht einen dauernden zweiten Arbeitsmarkt mit einfachen Dauerarbeitsplätzen braucht. In diesem zweiten Arbeitsmarkt fänden Menschen auf Dauer Arbeit, die nicht mehr in den ersten Arbeitsmarkt integrierbar sind, weil sie seinen Anforderungen nicht mehr gerecht werden, und die dennoch arbeiten wollen. Bis jetzt werden Arbeitsplätze im zweiten Arbeitsmarkt in der Regel nur für eine befristete Zeit angeboten. Nach Ablauf dieser Zeit stehen die Teilnehmenden oft ohne Anschlusslösung da.

Da die Eigeninitiative und ein funktionierendes Beziehungsnetz bei der Arbeitssuche besonders hilfreich sind, braucht es geeignete Massnahmen, um diese zu fördern. Viele Arbeitslose flüchten sich in die Isolation. Die weiterhin arbeitslosen Ausgesteuerten müssen deshalb dazu ermutigt werden, weiter Kontakte zu pflegen und über ihre Arbeitslosigkeit zu sprechen. Dies kann in Kursen und Beschäftigungsprogrammen nebenbei oder als zentrales Thema vermittelt werden. Um die Eigeninitiative zu verbessern, wäre nicht der Nachweis einer bestimmten starren Anzahl von Bewerbungen nötig, sondern gezielte und sehr gut vorbereitete, je nach Bedarf unter fachlicher Betreuung und Beratung.

Um zu verhindern, dass arbeitslose und ausgesteuerte Menschen invalid werden, könnten Programme zur Gesundheitsprävention durchgeführt werden. Bei längerer Krankheit oder Arbeitsunfähigkeit nach einem Unfall ist es entscheidend, die betroffenen Personen durch Spezialisten frühzeitig intensiv zu beraten und zu betreuen, damit sie nicht dauernd arbeitsunfähig bleiben. Dies könnte ähnlich geregelt werden, wie es gegenwärtig für nicht arbeitslose Personen diskutiert wird.

Die letschte Zwee
E Puure-Szene vom Paul Steinmann

Paul Steinmann

1956 in Villmergen geboren, lebt heute mit seiner Familie im Tösstal. Nach Projekten als Schauspieler arbeitet der ausgebildete Theologe heute hauptsächlich als Theaterautor und Regisseur. Er schreibt für Amateurbühnen, Kinder- und Jugendtheater, für Stadttheater, Kabarett und freie Theatergruppen.

Carl und Ben, zwei Bauern, stehen an einem Gatter und blicken auf eine Art Weide hinaus. Sie tragen kurze Hosen, Sonnenhut und ärmellose Leibchen. Ben eines mit dem Aufdruck: WM 2028, Carl mit der Werbung für eine Sonnencreme mit Schutzfaktor 51.

CARL	**Das find i scho super.**
BEN	*Was?*
CARL	**Dass mi bsuechsch.**
BEN	*Du hesch mi jo au bsuecht.*
CARL	**Jo, aber dass du mich jetz gliich bsuechsch, au wenn d weisch, wie s isch.**
BEN	*Mir sind die letschte Zwee. Mir müend zäme ha.*
CARL	**Das isch nätt, aber das nützt jetz au nüd meh.**
BEN	*Immerhin losids uf eus.*
CARL	**Hesch du en Antwort übercho?**

BEN	*Es good immer ächli lang bi dene.*
CARL (schaut auf seine Uhr)	*Ich muess rasch. Bi grad wider ume.*

CARL geht ab. Gleich darauf hört man einen Traktor starten und wegfahren.

BEN nimmt ein mobiles Fernkontaktgerät aus einer Tasche und wählt.

BEN (telefoniert)	*Hi. (...) Nei, bi grad bim Carl. (...) Er macht sini Tour. Hed ächli e Fruscht, aso normal. Und du? (...) Ebe. (...) Pelikan? Gopferdelli, hett i au nie dänkt. (...) Bis am Vieri. Bye.*

Man hört den Traktor wieder zufahren. Der Motor stellt ab. Kurz darauf erscheint Carl wieder. Er zieht beim Näherkommen seine Bauernjoppe aus.

CARL	*S händ sich es paar beschwert. Wenn i mit em Traktor dur s Dorf fahr, müess i au wine Puur usgseh. Jetz händ s mir das au no i Vertrag ie to.*
BEN	*Jo gäll.*
CARL	*Und Geranie vor em Huus und neu jetz au täglich e Halbstund Chueglogge.*
BEN	*Hesch doch scho lang kei Chüeh meh.*
CARL	*D Glogge scho no. Stooni hinder s Huus und bimbele halt 30 Minute.*
BEN	*Si mached s eim au immer schwerer.*

CARL	Jo.
BEN	*Hesch no nie dra dänkt ...*
CARL	... ich gibe nid uf. Chönd s mir zahle was wänd.
BEN	*Bi mir deheim sind 15 Pelikan glandet.*
CARL	Pelikan?
BEN	*Isch do afi günschtig für Pelikan.*
CARL	Und jetz, was machsch mit ne?
BEN	*Weiss noni.*
CARL	Wie isch s Fleisch?
BEN	*Gäderig.*
CARL	D Eier?
BEN	*Riesig.*
CARL	Ha mol Hüener gha. As Bueb.
BEN	*Scho lang keis me gseh.*
CARL	Und e Güggel. Dem hani einisch Viagra z frässe geh, hed s ne putzt.
BEN	*Hesch nid au einisch e Hund ... ?*
CARL	Isch uf Puurehöf verbotte worde wäg de Hygiene.
BEN	*Genau. Wie d Söi.*
CARL	Nei, die us religiöse Gründ.
BEN	*Jo?*
CARL	Hed amel mi Vatter gseid. Er hed no es paar gha.
BEN	*Machsch no Füerige?*
CARL	Vo öppis muess i dänk läbe.
BEN	*Schuelklasse?*

CARL	Nümm. Die wüssed eh alles besser.
BEN	*Pensionierte-Clüb?*
CARL	Jo, vor allem Afrikaner. Chinese natüerli.
BEN	*Mache kei Füerige meh.*
CARL (schaut auf)	Was isch los, Ben?
BEN	*Ich höre uf.*
CARL	Bisch wäg dem cho?
BEN	*Zum dir das säge, jo.*
CARL	De bin ich de letscht.
BEN	*De letscht Puur.*
CARL	Schiist mi aa.
BEN	*Hani dänkt, aber s bringt s eifach nümm. Und s hed sich scho lang abzeichnet dass d Landwirtschaft es Uuslaufmodäll isch. Z tüür und bringt eifach zwenig. Jo, wenn d gsehsch, was d Chemie und d Gen-Industrie fertig bringed. Die händ de Hunger uf de Wält gmeischteret.*
CARL	Und eus arbetslos gmacht.
BEN	*Scho nid grad.*

BEN nimmt aus seiner Brusttasche eine kleine Kartonschachtel. Er öffnet sie und bietet CARL vom Inhalt an.

CARL	Was isch es?
BEN	*Stimmigsufheller.*
CARL	Merci!

Er nimmt eine Lutschtablette

CARL	Himbeer?

BEN	*Fasch.*
CARL	Beerig isch es!
BEN	*»Waldbeeren«.*
CARL	Und was machsch jetz?
BEN	*Mol luege, was mit dene Pelikan isch. Werdid glaub vo der EU bezueschusst, wemmer ne e Teich zur Verfüegig stellt.*
CARL	Und do umenand diskutiereds, öbs zwee Tiger wänd aasidle.
BEN	*Bisch defür?*
CARL	Selid doch mache, was wänd. Händ jo eh immer gmacht, was händ welle.
BEN	*Wenn d au würdsch ufhöre, freiwillig, meini, de würdid s d Abfindig nomol uetue.*
CARL	Wievil?
BEN	*Zwee Millione!*
CARL	Ho! Und d Füerige, d Traktorefahrte, d Chueglogge?
BEN	*Chönd s locker e Schauspieler aastelle. Vil billiger!*
CARL	Und was sell ich mache?
BEN	*Chunsch zu mir. Machid mir e Pelikanzucht uf.*
CARL (nicht begeistert)	Super!

BEN hält CARL noch einmal seine Schachtel hin. CARL nimmt zwei Tabletten in den Mund.

CARL (ernsthaft)	Waldbeere. Jojo. Mer schmöckt en ächli, de Wald. Wemmer unbedingt will.
BEN	*Genau: mer muess nur welle.*
CARL	S isch e Frog vom Wille: de Wald und s Beeri und generell.
BEN	*Du seisch es, Carl, generell!*
CARL	Früener hettid mer jetz e Schnaps gsoffe.
BEN (lacht)	*Jo, früener!*

Er bietet Carl noch einmal eine Pille an, nimmt dann auch selber eine.
Beide lutschen und grinsen breit und zufrieden.

ENDE

Wolfgang Bortlik

Dreckarbeit

Lobet die Männer, die häuslichen Dreck
Holen zur Abfuhr! Und schon ist er weg!
Preiset die Putzfrauen allüberall
Säubern die Räumlichkeit in jedem Fall

Nicht zu vergessen die Frauen am Band
Tippen in Kassen mit wachem Verstand
Seht auch die Aushilfen, Pfleger und so
Leeren geduldig das Bettpfannenklo

Dreckarbeit wird dieses Tun meist genannt
Ohne Prestige, auch nicht für den Migrant
Alimentiert mit dem lausigsten Lohn

Müsste stattdessen ein Spitzenjob sein
Super bezahlt und prämiert obendrein
Das wär die wirkliche Revolution

diskriminiert oder chancengleich?
Migrantinnen und Migranten auf dem Schweizer Arbeitsmarkt

> Theres Egger und Jürg Guggisberg arbeiten als Projektleiter im Büro für arbeits- und sozialpolitische Studien BASS in Bern.

Rund ein Viertel der in der Schweiz Erwerbstätigen haben einen ausländischen Pass. Mehr als jede vierte geleistete Arbeitsstunde geht auf deren Konto, in einzelnen Branchen ist es gar mehr als jede zweite. Doch wer sind diese ausländischen Arbeitskräfte und wie ist ihre Stellung im Erwerbsleben? Noch vor rund drei Jahrzehnten konnte man die ausländische Bevölkerung, die in der Schweiz lebte und arbeitete, als relativ homogen beschreiben, bestand sie doch zum grössten Teil aus italienischen und spanischen Gastarbeitern. Das hat sich zwischenzeitlich grundlegend verändert.

Entsprechend der heutigen Vielfalt der ausländischen Bevölkerung sind die Positionen, welche die ausländischen Arbeitskräfte im Erwerbsleben bekleiden, sehr unterschiedlich. Die Spannbreite reicht von jenen, die mit Arbeitslosigkeit und prekären Beschäftigungssituationen konfrontiert sind, hin zu solchen, denen der Arbeitsmarkt gut entlöhnte Führungs- und Kaderpositionen bereithält. Nach wie vor sind ausländische Erwerbspersonen allerdings bedeutend häufiger von Arbeitslosigkeit betroffen als Schweizerinnen und Schweizer.

In diesem Artikel wollen wir einen kurzen Abriss über die Geschichte der Arbeitsmigration in den letzten Jahrzehnten leisten. Mit Zahlen und Fakten aus der Forschung wird ein Schlaglicht auf die Situation von Migrantinnen und Migranten auf dem Schweizer Arbeitsmarkt geworfen und sollen einige ihrer spezifischen Probleme sichtbar gemacht werden.

Vom gescheiterten Gastarbeitermodell zur Aufteilung der Welt in zwei Kreise

Die boomende Wirtschaft und der Mangel an einheimischen Arbeitskräften führte ab den 1950er-Jahren zu einem starken Zustrom von ausländischen Arbeitskräften, denen die Schweiz die Rolle von *Gastarbeitern* zudachte. 1960 waren 16 Prozent der Erwerbstätigen ausländische Arbeitskräfte, 1970 bereits 25 Prozent. Als auch die Schweizer Wirtschaft in Folge der Erdölkrise in den 1970er-Jahren in eine Rezession geriet, erwies sich das von der Schweiz praktizierte *Rotationsmodell* als ideal, um ein Anschwellen der Arbeitslosenzahlen zu verhindern. Es genügte, den Saisonniers, Jahresaufenthalterinnen und Grenzgängern den Aufenthalt nicht zu verlängern, und diese mussten in ihre Herkunftsländer zurückkehren.

Das hat sich in den 1980er-Jahren geändert: Mehrheitlich verfügten die Zugewanderten nun über eine Niederlassungsbewilligung und waren nicht gezwungen, die Schweiz bei jedem konjunkturellen Abschwung zu verlassen. Aus den Gastarbeitern sind Einheimische geworden, deren Kinder hier aufwachsen und zur Schule gehen. Die Krise der 1990er-Jahre traf sie jedoch besonders stark. 1997 waren im Schnitt 10,7 Prozent der ausländischen Erwerbspersonen arbeitslos, gegenüber 3,6 Prozent bei den schweizerischen Erwerbspersonen. Ende der 1980er-Jahre kam es allmählich zur Abkehr vom gescheiterten Gastarbeitermodell und der Bundesrat formulierte Mitte der 1990er-Jahre eine neue Einwanderungspolitik. Das Saisonnierstatut, die Verkörperung der in den 1950er- und 1960er-Jahren forcierten Gastarbeiterpolitik, wurde 2002 aufgehoben und durch eine Kurzaufenthaltsbewilligung ersetzt. Das 2002 in Kraft getretene Abkommen über die Personenfreizügigkeit machte die Verwirklichung des *Zwei-Kreise-Modells* möglich. Dieses gewährt Angehörigen von EU/EFTA-Staaten einen weitgehend freien Zugang zum Arbeitsmarkt und beschränkt die Arbeitsimmigration für Angehörige von Nicht-EU/EFTA-Staaten auf hoch qualifizierte Arbeitskräfte.

Neueres Phänomen Sans Papiers

Der Schweizer Arbeitsmarkt beschäftigt allerdings auch eine bedeutende Zahl von *Sans Papiers*, von Personen also, die sich ohne geregelte Aufenthaltsbewilligung in der Schweiz aufhalten. Eine neuere Studie schätzt deren Zahl auf 80 000 bis 100 000 Personen, verschiedene frühere Untersuchungen gehen von höheren Zahlen aus. Beeinflusst wird diese Zahl primär vom Arbeitsmarkt und von der Ausländerpolitik, auch wenn die Frage der Sans Papiers in der Öffentlichkeit häufig mit der Asylpolitik in Zusammenhang gebracht wird. Sans Papiers sind mehrheitlich erwerbstätig und dort anzutreffen, wo das Volkseinkommen überdurchschnittlich hoch ist und bereits viele Ausländerinnen und Ausländer leben. Sie arbeiten zumeist in prekären Arbeitsverhältnissen mit einer tiefen Bezahlung und hohen Wochenarbeitsstunden. Sans Papiers leben und arbeiten nicht nur in den Städten, sondern sie finden sich auch auf dem Land, insbesondere in Gebieten mit einem hohen Landwirtschaftsanteil. Nicht auszuschliessen ist, dass es sich bei ihnen um die *abgeschafften* Saisonniers handelt. Die verschiedenen Studien verweisen darauf, dass es sich bei den Sans Papiers um eine Folgeerscheinung der regulären Migration handelt, um Menschen also, die nach Ablauf des bewilligten, häufig langjährigen Aufenthalts in der Schweiz nicht in ihr Heimatland zurückgekehrt sind. Es stellt sich allerdings die Frage, inwieweit das duale Zulassungssystem längerfristig die irreguläre Migration begünstigen wird.

Vervielfältigtes Bild der ausländischen Bevölkerung

Das Bild der zugewanderten Bevölkerung hat sich seit den 1970er-Jahren stark verändert und ist vielfältiger geworden. Laut der Volkszählung 2000 leben heute Menschen aus 188 Nationen in der Schweiz. 1970 stammten allein drei Viertel der in der Schweiz wohnhaften Ausländerinnen und Ausländer aus Italien oder Spanien. Innerhalb von dreissig Jahren ist dieser Anteil zu Gunsten von Immigrantinnen und Immigranten aus anderen Herkunftsländern auf 27 Prozent gesunken. Dazu beigetragen hat, dass die Wirtschaft in den beiden klassischen Rekrutierungsländern deutlich gewachsen ist und die Arbeitskräfte in diese Länder zurückgekehrt sind. Die Schweizer Wirtschaft hat im Gegenzug begonnen, Arbeitskräfte aus der Türkei, Portugal und dem ehemaligen Jugoslawien aufzunehmen. Die aus Asien (insbesondere Sri Lanka) und zu einem geringeren Teil aus Afrika und Lateinamerika stammenden Immigrantinnen und Immigranten wurden vorwiegend über den Weg des politischen Asyls in der Schweiz aufgenommen. In Folge der Kriegswirren auf dem Balkan kam in den 1990er-Jahren eine grosse Zahl von Menschen aus den Nachfolgestaaten des ehemaligen Jugoslawiens in unser Land, die aufgrund der Arbeitsmigration aus diesen Staaten vielfach bereits mit der Schweiz verbunden waren.

Es lässt sich, insbesondere ausgehend von den 1980er-Jahren, eine *Diversifizierung der Migration* beobachten. Diese hat eine geografisch-kulturelle Komponente im Sinne einer Vervielfältigung der Herkunftsländer der Zugewanderten und dadurch auch der Sprachen- und Religionsvielfalt. Aufgefächert hat sich auch das soziodemografische und sozioökonomische Profil der Migrantinnen und Migranten in der Schweiz. Durch den Familiennachzug hat sich der Frauenanteil an der Migrationsbevölkerung erhöht, die Berufsprofile haben sich durch das Heranwachsen der zweiten Generation und den Zuzug hochqualifizierter Arbeitskräfte erweitert, und nicht-erwerbsbezogene Einwanderungsgründe, wie das Zusammenführen der Familie oder humanitäre Gründe haben zugenommen. Die langfristige Niederlassung der Angehörigen der ersten Migrationswelle und die Festigung ihrer Rechte hat neue, bisher unbekannte Gruppen hervorgebracht: AHV-Bezügerinnen, IV-Rentner und arbeitslose Ausländerinnen und Ausländer.

Begleitet wird die beschriebene Entwicklung von einer Vervielfachung der aufenthaltsrechtlichen Bewilligungen. Bedingt durch das Abkommen zwischen der Schweiz und der Europäischen Union über den freien Personenverkehr und die veränderte Asylpolitik ist es zu einer Auffächerung der Aufenthaltsbewilligungen gekommen. Heute unterscheidet man rund 14 verschiedene Aufenthaltsstatus *(Ausländerausweise)* im Ausländer- und Asylbereich, die jeweils auch über die Möglichkeiten der Erwerbstätigkeit entscheiden.

▬▬▬ Wo und wie sind Ausländerinnen und Ausländer erwerbstätig?

Gut ein Viertel der Erwerbstätigen sind im Jahresmittel 2004 Ausländerinnen und Ausländer. Mehr als die Hälfte von ihnen sind Niedergelassene, gut ein Fünftel haben eine Aufenthaltsbewilligung, rund fünf Prozent eine Kurzaufenthaltbewilligung. Etwa 16 Prozent pendeln täglich oder wöchentlich über die Grenze. Die übrigen Ausländerinnen und Ausländer, darunter jene aus dem Asylbereich, machen lediglich ein Prozent der Erwerbstätigen aus. Hinzu kommen die erwerbstätigen Sans Papiers, deren Zahl naturgemäss schwer zu erfassen ist.

Ausländische Erwerbstätige sind überdurchschnittlich häufig in der Industrie anzutreffen, gehen hingegen weniger häufig als Schweizerinnen und Schweizer einer Tätigkeit im Dienstleistungsbereich und in der Landwirtschaft nach. Das grösste Arbeitsvolumen erbringen ausländische Arbeitskräfte – wenig überraschend – im Gastgewerbe. Mehr als die Hälfte aller hier gearbeiteten Stunden wird von ausländischen Erwerbstätigen erbracht. Ebenfalls überdurchschnittlich hoch ist ihr Beitrag zur Arbeit in den Privathaushalten, im Baugewerbe und in der Industrie. Geringen Anteil am Arbeitsvolumen haben sie in der Land- und Forstwirtschaft und in der öffentlichen Verwaltung. Hier wird weniger als jede zehnte Arbeitsstunde von einer Person mit ausländischem Pass bestritten.

Schaut man die Stellung im Beruf etwas genauer an, so kann man deutliche Unterschiede nach Herkunft der Beschäftigten ausmachen. So weisen Erwerbstätige aus Portugal, dem ehemaligen Jugoslawien und der Türkei proportional am meisten Arbeiterinnen und Arbeiter und am wenigsten Führungskräfte und höhere Kader auf. Besonders häufig in solchen Positionen anzutreffen sind Erwerbstätige aus Deutschland, Frankreich und Nordamerika. Dies schlägt sich entsprechend im Lohn der Beschäftigten nieder. Die grösste Lohntüte haben Arbeitnehmende aus Nord- und Westeuropa. Sie überflügeln nicht nur alle andern ausländischen Arbeitnehmenden, sondern auch die Schweizerinnen und Schweizer.

Die Erwerbslosigkeit ist besonders hoch

Während der Ausländeranteil in der Erwerbsbevölkerung bei rund einem Fünftel liegt, beträgt er bei den registrierten Arbeitslosen rund zwei Fünftel. Gemäss den Zahlen des kantonalen statistischen Amtes ist die Erwerbslosenquote bei den ausländischen Erwerbspersonen mit 6,0 Prozent mehr als doppelt so hoch als bei solchen mit einem Schweizer Pass.

Am tiefsten ist die Erwerbslosenquote bei Schweizer Männern (2,4 Prozent), am höchsten ist der Anteil bei den ausländischen Frauen (6,8 Prozent).

Ein vertiefter Blick in die Analysen der Volkszählung bringt erhebliche Unterschiede je nach Herkunftsregion zu Tage. Während deutsche Staatsangehörige eine ähnliche Erwerbslosenquote verzeichnen wie Schweizerinnen und Schweizer, erreicht die Erwerbslosigkeit bei den Angehörigen der andern EU-/EFTA-Staaten bereits doppelt so hohe Werte. Bei den Menschen aus dem übrigen Europa, darunter vor allem solche aus dem ehemaligen Jugoslawien, ist die Erwerbslosenquote viermal so hoch, bei der Erwerbsbevölkerung aus Asien, Lateinamerika oder Afrika ist sie bereits sechs- bis achtmal so hoch. Wie lassen sich diese Unterschiede erklären? Was steckt dahinter, dass Ausländerinnen und Ausländer nicht nur stärker von Erwerbslosigkeit betroffen sind als Schweizerinnen und Schweizer, sondern auch weniger häufig und weniger schnell wieder eine neue Stelle finden? Das Staatssekretariat für Wirtschaft (seco), das für die Arbeitsmarktpolitik in der Schweiz zuständig ist, hat zu diesen Fragen unlängst eine Studie in Auftrag gegeben.

Mit welchem Erfolg sich Menschen im Erwerbsleben bewegen, hängt davon ab, welche individuellen Voraussetzungen sie auf den Arbeitsmarkt mitbringen und in welchem Segment sie dort beschäftigt sind. Es kann sich aber auch eine Diskriminierung, etwa aufgrund des Geschlechts, der Nationalität oder der Hautfarbe, dahinter verbergen. Die Studie über «Ausländer/innen, Erwerbslosigkeit und Arbeitslosenversicherung» hat aufgezeigt, dass das Risiko einer Erwerbslosigkeit in erster Linie von der Branchen- und Berufszugehörigkeit einer Person abhängt. Nun sind gerade Ausländerinnen und Ausländer überdurchschnittlich häufig in Branchen und Berufen beschäftigt, die mit einem erhöhten Risiko der Arbeitslosigkeit verbunden sind. Die Zuweisung von Ausländerinnen und Ausländern in diese Branchen und Berufe ist wiederum vor allem auf die teilweise unzureichenden Sprachkompetenzen und das im Schnitt tiefere Ausbildungsniveau zurückzuführen.

Darüber hinaus gibt es Ergebnisse, die auf eine Diskriminierung von Ausländerinnen und Ausländern beziehungsweise von Schweizerinnen und Schweizern mit einem Migrationshintergrund schliessen lassen. Bei lange anwesenden Ausländerinnen und Ausländern mit einer Niederlassungsbewilligung ist die Wahrscheinlichkeit einer Erwerbslosigkeit gegenüber gebürtigen Schweizerinnen und Schweizern um 35 Prozent erhöht, auch nachdem man alle Unterschiede punkto Ausbildung, Alter, Sprache, familiärer Situation, Branche oder Beruf berücksichtigt hat. Selbst die eingebürgerten und in der Schweiz geborenen Angehörigen der zweiten Generation haben – bei ansonsten gleichen Voraussetzungen – gegenüber gebürtigen Schweizerinnen und Schweizern ein um 33 Prozent erhöhtes Risiko, erwerbslos zu sein. Ein höherer Integrationsgrad reduziert zwar das Erwerbslosigkeitsrisiko; aber auch der Umstand, dass jemand in der Schweiz geboren ist, den roten Pass besitzt, hier die Kindheit und Jugend verbracht und alle Schulen besucht hat, führt nicht zu einer Gleichstellung mit den gebürtigen Schweizerinnen und Schweizern. Vorurteile und Diskriminierungen sind ein Grund für diese Tatsache. Gerade im Falle der zweiten Generation, den Secondos und Secondas, wäre es aber auch denkbar, dass sich die strukturellen Verhältnisse der Eltern *vererben* und die in der Schweiz verbrachte Kindheit und Jugend dies nicht aufzufangen vermag.

Secondos und Secondas

Die in der Schweiz geborenen Ausländerinnen und Ausländer, die Secondos und Secondas, sind das, was man als sozial mobil bezeichnet. Sie sind besser ausgebildet als ihre Eltern und erreichen eine höhere berufliche Position. Wie die Zahlen der Volkszählung 2000 zeigen, gilt dies allerdings nicht für alle Secondos und Secondas gleichermassen. Wie das Beispiel der deutschen und französischen Staatsangehörigen illustriert, lässt sich die berufliche Status-Leiter auch in umgekehrter Richtung besteigen. Die in der Schweiz geborene Generation bekleidet in ihrem Fall weniger häufig eine Kaderposition als dies noch in der Elterngeneration der Fall war. Zu den Aufsteigerinnen und Aufsteigern gehört die zweite Italiener-Generation. Sie steht den Schweizerinnen und Schweizern auch auf dem Arbeitsmarkt näher als die ihrer Eltern. Während die aus Italien eingewanderten Frauen und Männer zunächst vor allem als Arbeiterinnen und Arbeiter tätig waren, bekleiden ihre Kinder nun zur Mehrheit eine Angestelltenposition. Bei Secondos und Secondas, deren Eltern aus Portugal, der Türkei oder Staaten des ehemaligen Jugoslawien eingewandert sind, fällt die soziale Mobilität zwischen den Generationen weniger gross aus. Wie schon die Eltern sind auch die Kinder mehrheitlich als qualifizierte Arbeiterinnen und Arbeiter beschäftigt. Dadurch sind auch sie dem erhöhten Risiko einer Erwerbslosigkeit ausgesetzt.

Der steinige Weg aus der Erwerbslosigkeit

Die Chance, dass eine Person den Weg aus der Erwerbslosigkeit findet, wird wiederum beeinflusst durch individuelle, familiäre und strukturelle Voraussetzungen und mögliche Diskriminierungen. Ebenfalls von Bedeutung sind die Suchstrategien der Erwerbslosen sowie deren Unterstützung durch aktive Massnahmen der Arbeitslosenversicherung. In der Studie «Ausländer/innen, Erwerbslosigkeit und Arbeitslosenversicherung» wird deutlich, dass sich der Weg aus der Erwerbslosigkeit bei schweizerischen und ausländischen Stellensuchenden stark unterscheidet und dass verschiedenen möglichen Faktoren unterschiedliches Gewicht zukommt. Bei Schweizerinnen und Schweizern sind es insbesondere die Merkmale *Alter*, *Ausbildung*, *Zivilstand*, *Dauer der Erwerbslosigkeit* und *Mobilitätsbereitschaft*, welche den Ausstieg aus der Erwerbslosigkeit beeinflussen. Bei Ausländerinnen und Ausländern erweisen sich *Nationalität*, *Geschlecht*, *Beruf*, *Ausbildung* und *Alter* als die wichtigsten Einflussfaktoren. Während es bei schweizerischen Stellensuchenden individuelle Faktoren sind, welche in der Bedeutung die ersten drei Ränge einnehmen, stehen bei Ausländerinnen und Ausländern zwei potenziell diskriminierende Faktoren an erster Stelle.

Wenn der Name über eine Anstellung entscheidet

Dass Migrantinnen und Migranten bei der Anstellung diskriminiert werden, ist seit den Untersuchungen der Internationalen Arbeitsorganisation (IAO) nicht länger eine Vermutung, sondern als Tatsache bekannt. Bei diesen praktischen Testverfahren bewerben sich jeweils zwei Testpersonen mit identischer Qualifikation und gleichem Profil (Ausbildung, Erfahrung, Alter, Geschlecht sowie weitere für die Stelle relevanten Kriterien) auf eine ausgeschriebene Stelle, wobei einzig der Name oder die Nationalität der Personen geändert wird. Nach diesem Verfahren wurde im Rahmen einer vom Schweizerischen Nationalfonds finanzierten Studie auch das Ausmass der Anstellungsdiskriminierung in der Schweiz untersucht. Insbesondere albanisch sprechende Bewerber aus dem ehemaligen Jugoslawien hatten mit der fingierten Bewerbung eine geringere Chance als ihre Schweizer Mitbewerber: Bei 24 von 100 Bewerbungen in der Westschweiz und 59 von 100 Bewerbungen in der Deutschschweiz blieb ihnen trotz identischem Profil der Zugang zu einem Gespräch verwehrt. Allein der Name – Peter oder Afrim – entscheidet also darüber, ob eine Person die Möglichkeit erhält, sich persönlich vorzustellen oder nicht, oder ob ihr gar mitgeteilt wird, die Stelle sei bereits besetzt, obwohl dies gar nicht stimmt.

Welche Schlüsse sind für die Zukunft zu ziehen?

Beschäftigung ist ein wichtiger Indikator für Integration und Ausschluss. Nach wie vor sind Ausländerinnen und Ausländer stärker von Arbeitslosigkeit betroffen als Erwerbspersonen schweizerischer Nationalität, und sie sind in tieferen hierarchischen Positionen tätig. Auch wenn im Zuge der neu definierten Zuwanderungspolitik zunehmend gut qualifizierte Arbeitskräfte in die Schweiz kommen, wird sich daran so rasch nichts ändern. Aus der Optik des Marktes sind die bestehenden Ungleichheiten teilweise begründet und begründbar. Wer über unterschiedliche Qualifikationen verfügt, wird auf dem Arbeitsmarkt unterschiedlich behandelt. Doch auch gleichwertige Voraussetzungen gehen nicht immer mit Chancengleichheit einher. Auch Vorurteile und Diskriminierung führen zu Benachteiligungen. Um den benachteiligten Gruppen innerhalb der ausländischen Bevölkerung den Zugang zum Arbeitsmarkt und die berufliche Mobilität zu erleichtern, müssen darum ihre Voraussetzungen verbessert und ungerechtfertigte Benachteiligungen verhindert werden.

Für die Zukunft eröffnen sich insbesondere drei Handlungsfelder:

– Es geht erstens darum, ausländischen *Jugendlichen* den Einstieg in die Arbeitswelt zu erleichtern. Im Zentrum steht dabei die Förderung der nachobligatorischen Ausbildung. Mehr denn je ist diese heute für den Erfolg im Erwerbsleben entscheidend.

– Zweitens soll die Chancengleichheit im *betrieblichen Alltag* gefördert werden. Integration findet täglich in den Betrieben statt, in denen die rund 1,1 Millionen erwerbstätigen Ausländerinnen und Ausländer beschäftigt sind. Es liegt im Interesse der Arbeitgeber, Integration, Chancengleichheit und Weiterbildung aktiv zu fördern und damit das Potenzial der Angestellten besser zu nutzen.

– Als Drittes muss schliesslich der Ausstieg aus der Erwerbslosigkeit erleichtert werden. *Qualifikation* und *Weiterbildung* sind der Schlüssel dazu. Diese Aufgabe kann längerfristig nicht allein der Arbeitslosenversicherung und der Sozialhilfe aufgebürdet werden. Erforderlich sind Investitionen im Rahmen der Migrations- und der Bildungspolitik. Diese Bereiche sind der Arbeitsmarkt- und Sozialpolitik vorgelagert und müssen ihre Verantwortung entsprechend wahrnehmen.

Die Politik darf sich jedoch nicht allein auf die Ausländerinnen und Ausländer fokussieren, die über eine gültige Aufenthaltsbewilligung verfügen. Die Schweizer Wirtschaft beschäftigt eine nicht geringe Zahl von Sans Papiers. Diese leben und arbeiten häufig in prekären Verhältnissen und verfügen über einen eingeschränkten Rechtsschutz, was gravierende soziale, persönliche und gesundheitliche Folgeprobleme mit sich bringt. Durch Schatten- und Schwarzarbeit beziehungsweise durch den Entzug von Steuer- und Sozialversicherungsbeiträgen nimmt darüber hinaus auch die Volkswirtschaft Schaden.

frost – ein tagebuch

Karin Richner

1980 geboren, lebt in Buchs. Sie studierte Deutsch und Englisch an der Universität Basel und ist ausgebildete Primarlehrerin. Ihr erster Roman «Sind keine Seepferdchen» ist 2006 im Bilgerverlag erschienen.

8. juli – 23:59:13

wir haben auf meine aufnahme angestossen, während über uns kometen am dunklen himmel verglühten in einer seltenen sternschnuppennacht, und wir lächelten uns zu.

9. juli – 11:07:52

eine klausel des vertrags besagt, dass ich von diesem in den nächsten zehn jahren nur zurücktreten kann im falle gewisser krankheiten, die in einer aufzählung angefügt sind, oder im falle meines todes. sollte ich ins koma fallen, beispielsweise als folge eines unfalls, bleibt meine verpflichtung bestehen.

10. juli – 18:09:17

ich bin zufälligerweise an der bar vorbeigekommen, in der wir vorgestern gewesen sind. es war mitten am hellen tag, sie war leer, nur ein kellner wischte mit einem tuch über die stühle und tische, und als er den kopf hob und mich durch die glasscheibe ansah, reagierte er mit keiner geste, er erkannte mich nicht wieder.

14. juli – 20:29:19

warum kreist die erde um die sonne, hat julian mich heute gefragt, was stösst uns vorwärts, ich habe keine antwort gewusst, und lars hat mir zugezwinkert. ich habe daran gedacht, dass es nun beinahe sechs jahre her ist, dass wir julian bekommen haben.

16. juli – 06:51:20

das bild einer marionette mit spindeldürren langen gliedern, knochigen fingern, eingefallenem weissem gesicht, halb geschlossenen augen, in zerfetzte stoffstücke gekleidet, an beinahe unsichtbaren fäden schwebend, wohl ein engel. mir fällt nicht ein, wo ich das gesehen habe.

21. juli – 21:13:18

beim drehen der filmsequenz dachte ich daran, dass lars an mir das dunkelblonde haar mag und die blauen augen, die im sonnenlicht hell erscheinen und im kerzenlicht dunkel. ich schaute direkt in die kamera, nannte grösse, gewicht, alter, hautfarbe, rasse, sexuelle präferenz, die liste der negativ ausgefallenen tests, in denen man mein erbgut auf anomalien oder unerwünschte eigenschaften geprüft hat. dabei habe ich immer gelächelt, das sei wichtig, hat man mir gesagt. die filmsequenz mit meinen daten erhielt die nummer ww1308 und wird noch heute ins internet gestellt. die klienten werden sich voraussichtlich zahlreich melden.

22. juli – 13:18:45

die sterne sind verhüllt ... ein sturm zieht herauf. [1]

vielleicht ist es auch nur der nebel, draussen, in den strassenschluchten

---

1   zitat aus dem film «der herr der ringe»

der gläsernen stadt. wo habe ich diesen engel gesehen? ich glaube, vor langer zeit oder im traum.

5. august – 12:38:59

julian glaubt mir nicht, dass das blau des himmels ebenso eine illusion ist wie das blau des meeres. wie soll er auch unterscheiden können, was so ist, wie es scheint, und was nicht. er beschliesst, mir nicht zu glauben. das meer ist blau, ich fühle das, hat er gesagt.

6. september – 18:23:00

der kurze aufenthalt in der klinik scheint schon lange zurückzuliegen. an meinem körper kann ich keine veränderung feststellen, so sollte es auch sein. nur einige winzige eizellen fehlen ihm nun.

8. september – 22:56:23

heute nachmittag bin ich mit julian zwischen den gläsernen kuben spazieren gegangen, aus denen die stadt besteht. auf einmal war er verschwunden. in panik bin ich durch die strassen gerannt, bis ich ihn gesehen habe, etwas verschwommen, durch unzählige glasscheiben von mir getrennt. ich habe seinen namen gerufen, obwohl ich wusste, dass er mich nicht hören kann. es hat ewigkeiten gedauert, bis wir uns gefunden haben.

9. september – 17:34:06

eine befruchtete eizelle beginnt sich zu teilen, immer weiter. sobald sie sich zu einem achtzeller weiterentwickelt hat, werden diese acht zellen voneinander getrennt, aus jeder entwickelt sich ein mensch, der mit den sieben andern identisch ist. überzählige eizellen werden zur aufbewahrung in flüssigem stickstoff eingefroren, das ist die sogenannte kryokonservierung. lars hat mir das aus der broschüre vorgelesen, die in der mappe mit meinem vertrag liegt. wie viele menschen du glücklich machen wirst, hat er gesagt.

20. september – 23:18:45
acht identische kinder ... in letzter zeit bin ich müde.

24. september – 04:28:52
im traum sah ich kinder mit meinen gesichtszügen in einer durchsichtigen flüssigkeit schweben, mit offenen augen. uns ist kalt, hörte ich ihre stimmen in meinem kopf, so kalt.

8. oktober – 14:57:08
vom ersten honorar habe ich heute zwei eintrittskarten in die kapselspirale gekauft, für julian und mich. er hat da schon immer mal hingehen wollen. zuerst aber eine erneute hormonbehandlung und ein aufenthalt in der klinik, es ist an der zeit für die zweite stufe meiner verpflichtung, die sogenannte kuckucksphase.

19. oktober – 23:56:17
seltsam, im nebel zu wandern. kein mensch kennt den andern, jeder ist allein. [2]

13. november – 10:36:41
wir sind also da gewesen. in unserer runden gläsernen kapsel sind wir in der spirale, die in der horizontalen kreist, von innen immer weiter nach aussen ge-

---

[2] hermann hesse

langt. all die menschen in den andern kapseln um uns herum, die menschen weit unter uns in den durchsichtigen kuben, als würden sie im nichts schweben, gehen, schlafen, ich habe mich selbst auf einmal als gläsern und ungeschützt empfunden, als könne jeder den fremden embryo sehen, der nun in meinen uterus eingepflanzt ist. nach zwei stunden war die fahrt in der spirale zu ende, julian und ich sind ausgestiegen und haben uns angesehen, benommen, glücklich.

16. november – 21:49:15

test des erbguts, künstliche befruchtung, anästhesie, implantation des embryos, entbindung laut vertrag durch kaiserschnitt, damit ich das neugeborene nicht zu gesicht bekomme, mein körper ist nur eine station auf dem weg, zweckmässig wie alles andere, vielleicht ebenso künstlich.

3. dezember – 12:38:39

mater semper certa est.

wer die mutter des kindes ist, steht immer zweifelsfrei fest, es ist die frau, die es geboren hat. wie soll ich julian erklären, dass dieses naturgesetz bei ihm gültig war, jetzt aber nicht mehr? vorläufig verschweige ich ihm meinen zustand.

10. dezember- 22:52:23

mein körper verändert sich wie damals, als ich mit julian schwanger gewesen bin. dieser mensch in deinem bauch ist mir gleichgültig, wir haben nichts mit ihm zu tun, er ist genetisch nicht mit uns verwandt, was du tust, ist eine beliebige arbeit, tausende andere frauen tun dasselbe, sagte lars heute auf meine frage hin. in der klinik liess ich mir eine spritze injizieren und ein röhrchen tabletten mitgeben.

19. dezember – 07:39:27

kommt es wegen alkohol-, drogen- oder tablettenmissbrauchs zu einer fehlgeburt, können die genetischen eltern mich verklagen. ich habe die freiheit verloren, mit meinem körper zu tun, was ich will.

10. januar – 15:51:09

lass uns schlafen, schlafen, du bist müde vom wachsen und ich wegen dir.

18. februar – 19:33:39

in meinem uterus wächst ein mensch, mein körper sagt mir, ich sei schwanger, aber ich bezeichne mich nicht als schwangere, ich erwarte kein kind. nein, julian, ich bin nicht schwanger, auch wenn mein bauch sich rundet, du bekommst weder einen kleinen bruder noch eine schwester, da wächst einfach nur ein mensch. tägliche täuschungen auf allen ebenen.

3. märz – 12:29:03

im traum ist mein bauch eine glaskugel, in der zusammengekrümmt ein erwachsener mensch liegt. von entsetzen gepackt zerschlage ich die kugel, reisse den parasiten aus meinem leib, schleudere ihn von mir weg, zerstöre ihn, und die glassplitter reissen wunden in meinen körper. lars schaut mich vorwurfsvoll an.

14. märz- 03:14:27

es ist ein mädchen, das da wächst, ich weiss es. nicht meines. ich erlaube julian nicht, das ohr an meinen bauch zu halten oder mit den händen nach den bewegungen zu fühlen. es ist nicht meines, nicht unseres. wenn ich in den spiegel schaue, bin ich nicht mehr sicher, ob ich das bin, die ich sehe, mit dem schweren bauch. das medizinisch gesehen ideale datum für die entbindung ist der 19. juli, noch vier monate.

15. märz – 12:02:43

eine figur aus langen dünnen gliedern und stofffetzen, wann habe ich julian zum letzten mal eine geschichte erzählt, wer wird sie dem mädchen erzählen.

29. märz – 22:34:12

ich bin heute gegen abend allein in unserem wohnkubus gestanden. rund um mich habe ich die andern stadtbewohner gesehen, durch eine, zehn, hundert oder tausend fensterscheiben von mir getrennt, aber deutlich sichtbar, blossgestellt, und sie sind mir nicht mehr menschlich vorgekommen in ihrem mechanischen denken, ihrem mechanischen handeln, mit ihren körpern, denen jedes geheimnis entrissen worden ist, das sie einmal besessen haben, jede individualität.

8. april – 21:16:54

wir sind durch die stadt spaziert, lars, julian und ich, und auf einmal habe ich die ungeheuerlichkeit in ihrem ganzen ausmass begriffen, mir ist schwindlig geworden, das glas und das metall um mich sind geschmolzen, versickert, die menschen verschwunden, bis ich alleine dort gestanden bin unter dem weiten blauen himmel, voller entsetzen.

12. april – 09:34:21

der vorrat an beruhigungsspritzen, die ich in den verschiedenen medizinstationen der stadt gekauft habe, ist bald aufgezehrt, wie mein honorar, lars weiss von nichts.

19. april – 02:44:51

strange days have found us	*seltsame tage sind angebrochen*
and through their strange hours	*und während ihrer seltsamen stunden*
we linger alone	*bleiben wir alleine zurück*
bodies misused	*missbrauchte körper*
memories confused	*verwirrte erinnerungen*
as we run from the day	*während wir aus dem tag*
to a strange night of stone [3]	*in eine seltsame nacht aus stein eilen*

27. mai – 02:03:46

morgens bin ich müde und abends hellwach, ich schlafe nicht und werde dennoch von träumen gequält, lars und julian tauchen als flimmernde hologramme neben mir auf und verschwinden wieder, immer gerade ausser reichweite.

18. juli – 03:12:01

morgen der kaiserschnitt, die abnabelung von der maschine, der neue mensch ist so weit entwickelt, dass er unabhängig von meinem körper existieren kann.

23. juli – 18:47:24

and then there was silence. just a voice from the other world, like a leaf in an icy world: watch your step, cassandra! [4]

dann war es still. nur eine stimme aus der andern welt war da, wie ein laubblatt in einer zu eis gefrorenen welt: pass auf, wohin du gehst, kassandra!

---

3 jim morrison, «strange days»

4 blind guardian, «and then there was silence»

26. juli - 09:56:51

gemäss vertrag befinde ich mich nun so lange wieder auf der ersten stufe, bis mein körper aus medizinischer sicht erholt genug ist für eine weitere kuckucksphase. jetzt hat er anderes im sinn, er sucht nach dem kind, von dem er fälschlicherweise glaubt, es ernähren zu müssen. die brüste sind vom milcheinschuss schmerzhaft gespannt.

31. juli - 21:12:36

zurück im wohnkubus. nein, julian, ich habe kein kind zur welt gebracht, ich bin ja auch nicht schwanger gewesen, der mensch, der in mir gewachsen ist, braucht mich jetzt einfach nicht mehr. die illusion, die täuschung. was du siehst, ist nicht so, wie du denkst, in wirklichkeit ist das meer nicht blau.

9. august - 11:39:40

das honorar ist gekommen, mein vorrat an spritzen und tabletten wieder aufgefüllt, für die kapselspirale hat es nicht mehr gereicht.

13. august - 19:44:00

wenn ich zustimme, dass ein gen meines erbgutes in der gespendeten eizelle nach wunsch eines klientenpaares so verändert wird, dass das kind anstelle von blauen augen braune haben wird, wird ein bonus bezahlt. ich habe unterschrieben.

21. august - 23:08:24

heute bin ich alleine durch die stadt gelaufen. wann immer ich eine schwangere gesehen habe, habe ich zu fühlen versucht, ob sie ein kind in sich trägt, das aus einer meiner eizellen entstanden ist, und ich habe nach dem mädchen gesucht. würde etwas in ihm sich an die zeit in meinem uterus erinnern, würde es mich erkennen an meiner stimme oder meinem geruch?

22. august – 04:11:10

eine riesige kolonie aus gläsernen kuben, in jedem ein zerknäuelter dna-strang, meine kinder, in flüssigem stickstoff eingefroren oder durch eine fremde nabelschnur ernährt, zu hunderten aufgereiht, durch glasscheiben von mir getrennt, ich bin gerade aus einem schrecklichen traum erwacht, aber ich habe das gefühl, noch immer zu schlafen.

1. september – 14:12:04

durch die spritzen verändert sich meine wahrnehmung, meist liegt über allem ein schleier, auch meine empfindungen sind dumpf und abgeschwächt. lars betrachtet mich immer häufiger mit befremden, und es kostet mich grosse anstrengung, mich julian zuzuwenden.

3. september – 10:13:54

kryokonservierung. kryo bedeutet frost, oder auch eiseskälte.

7. september – 02:32:56

meine kinder, die ich in meinem bauch getragen habe oder die genetisch mit mir verwandt sind, sind weit verstreut, in laboratorien, kliniken, fremden familien, niemals könnte ich sie alle finden, ich bleibe allein in meinem gläsernen kubus, für immer ein unvollständiges wesen.

I'd rather live	*lieber würde ich*
in their world	*in ihrer welt leben*
than live	*als ohne sie*
without them	*in meiner*
in mine [5]	

13. september – 15:29:11

draussen vor der stadt wird es herbst, mein vertrag läuft noch beinahe neun jahre lang, bald wird es zeit für die nächste kuckucksphase. ich wünschte ...

---

5   gladys knight and the pips

ABC Arbeit, Bedürfnis und Chance
...auch für Menschen mit eingeschränkter Leistungsfähigkeit

Jeannine Hangartner

Die Fotografin begleitete Menschen mit einer Behinderung oder verminderter Leistungsfähigkeit in ihrem Arbeitsalltag und liess sie auch selber fotografieren.

Ausbildung und Arbeit sind selbstverständliche Bedürfnisse jedes Menschen. Die Stiftung Lebenshilfe in Reinach AG bietet in Zusammenarbeit mit dem regionalen Gewerbe und der Industrie nicht alltägliche Chancen zur Integration in die Arbeitswelt.

Die Stiftung ist seit über 40 Jahren tätig mit dem Auftrag, Lebensräume für Menschen mit einer geistigen Behinderung und besonderem Förderbedarf zu schaffen. Sie bietet derzeit etwa 100 Jugendlichen und Erwachsenen Plätze in den Bereichen Bildung, Arbeit und Wohnen. Die Angebote der Stiftung sollen im betriebswirtschaftlichen Rahmen möglichst auf die Bedarfslage der Menschen mit Behinderung ausgerichtet werden. Ziel ist es, behinderten Menschen eine weit reichende Integration in das gesellschaftliche Leben zu ermöglichen.

2

Bild 1–3: Konzentration, Genauigkeit und Fingerfertigkeit. – Anlehre als Betriebspraktiker in Zusammenarbeit mit dem Partnerbetrieb Eichenberger Gewinde AG, Burg.

←4 5↓

Bild 4/5: «Ich muss mich bei meiner Arbeit konzentrieren, der Schaber muss richtig angesetzt werden.» – Arbeitsschritt bei der Herstellung von Zoccolinos bei der Ortopag AG, Reinach.

6

Bild 6/7: Spuren eines Arbeitstages. – Mitarbeiter im Bereich Floristik bei Ambiance Fleur, Reinach, und Blatt Form, Unterkulm.

Bild 8: «Ich setze Teile für eine Maschine zusammen und mache diese Arbeit sehr gern.» – Ausführung von Montagearbeiten im geschützten Rahmen für verschiedene Industrieunternehmen.

Bild 9: ↓ Die wohlverdiente Pause.

Wolfgang Bortlik

Care

Küche, Haushalt, Putzen, Kochen wer?
Windeln, Schoppen, Hüten, Wachen, Care!
Krippe, Schule, Bildung, Kunst et al.
Norm, Erziehung, Regeln keine Qual

In Gesundheit, Sportclub bring und hol!
Instrumente, Argumente wohl
Schlichten, Richten, Hilfe, Diskussion
Geben, Fordern, nicht Gewalt noch Hohn

Für den Kompetenzbereich Sozial
Wär es wicht'ge Arbeit allemal
Meistens ausgeführt von einer Frau

Mitglied Arbeitskraft Reserveheer
Volkswirtschaftlich zählt es nicht, prekär
Ist bloss nicht entlöhnter Unterbau

Cash und Care
Die etwas anders gestellte Gleichstellungsfrage

Heidi Stutz

ist Sozialökonomin und Mitinhaberin

des Büros für arbeits- und sozialpolitische

Studien BASS in Bern.

Alles wird gut. Frauen kassieren so selbstverständlich Managermillionen ab, wie Männer Schoppen wärmen und Kindertränen trocknen. Beide geniessen es, das eine zu tun und das andere nicht lassen zu müssen. Sie erwerben Cash und übernehmen Care, schaukeln berufliche Laufbahn und Familienarbeit aneinander vorbei. Und wir nehmen mal an, dass sie es nicht nur dank einer schlecht bezahlten Haushalthilfe schaffen. Alles ist also gut. In weniger gut gestellten Kreisen funktioniert das Gleichstellungsarrangement typähnlich. Die Dreifachbelastung von Frauen mit Beruf, Familie und Haushalt ist einer allgemeinen Doppelbelastung gewichen, die allerdings gemildert wurde, seit sie Männer auch betraf. Und diese sind froh, dass sie in Zeiten grösserer Arbeitsplatzunsicherheit eine erwerbstüchtige Frau an ihrer Seite wissen.

Alle sind glücklich und zufrieden wie am Ende einer gut ausgegangenen Geschichte. Es fragt sich allerdings, wie diese Geschichte anfangen müsste, um so zu enden. Ist sie bereits in Gang? Hat sie je eine Chance, gut auszugehen? Halten wir uns an die Fakten und überlegen, was uns vom Happy-End noch trennt. Betrachten wir dazu zunächst die Arbeit gegen Cash, dann den unbezahlten Care-Bereich. Wahrscheinlich stehen wir heute tatsächlich nicht am Anfang der Geschichte, sondern mittendrin. Die Gleichstellung der Geschlechter im Erwerbsleben ist in einem Bundesgesetz festgeschrieben, wenn auch nicht wirklich umgesetzt. Denn anders als etwa beim Strassenverkehrsgesetz ist es den Opfern überlassen, die

Gerichte anzurufen, um die Einhaltung der Gesetzesregeln zu fordern. Wenige wagen es. Sie haben noch lieber überhaupt eine Arbeit. Aufmerksamkeit erregten vor allem Gerichtsfälle zur Lohngleichheit. So musste der Kanton Zürich allein in vier kombinierten Klagen von weiblichem Gesundheitspersonal Lohnnachzahlungen von 280 Millionen Franken an mehrere tausend Personen ausrichten. Jetzt werden mehr billige Hotellerieleute eingestellt. Und nach der geplanten Verselbständigung der Spitäler als Aktiengesellschaften funktioniert dann auch der damalige Lohnvergleich zum Männerberuf des Polizisten nicht mehr, weil die Vergleichspersonen beim gleichen Arbeitgeber tätig sein müssen.

Lohnunterschiede sind nach wie vor da

Statistisch gemessen haben die Lohnunterschiede zwischen den Geschlechtern in der Privatwirtschaft nur geringfügig abgenommen. Die Zahlen der Kantonsverwaltungen durften bislang bezüglich der Lohngleichheitsfrage nicht ausgewertet werden, weil diese weitere Klagen befürchten. In der Privatwirtschaft sank die Lohndifferenz von 26 Prozent 1998 auf 24 Prozent im Jahr 2004. Ein Grund für die Abnahme sind die immer besser werdenden Qualifikationen der Frauen. Nach wie vor lassen sich 40 Prozent der Lohndifferenz nicht durch objektive Faktoren (Ausbildung, Erfahrung, hierarchische Position) erklären und sind als Diskriminierung zu betrachten. Und die besonders schlimme Nachricht: Gerade im Dienstleistungssektor, wo die meisten Frauen arbeiten, sind für sie Karriereschritte mit zusätzlichen Lohneinbussen verbunden: Die Lohndiskriminierung ist umso grösser, je höher die Löhne sind.

Die Daten zeigen aber auch, dass es kein Marktgesetz ist, das Diskriminierung schafft. In Industrie und Gewerbe zum Beispiel läuft der Karriereeffekt umgekehrt: Die Diskriminierung der Frauen nimmt in höheren Positionen ab. Es existieren zudem regionale Unterschiede: Das Ausmass der Lohndiskriminierung ist in der Ostschweiz oder im Tessin deutlich grösser als in der Genferseeregion, der Nordwestschweiz oder in Zürich. Und spezielle Anstrengungen beim Bund und in der chemischen Industrie haben dort die Lohndiskriminierung merklich reduziert.

Es ist also möglich, die Diskriminierungsrate zu beeinflussen. Und die Anstrengungen, es auch zu tun, sind durchaus vorhanden. Im Beschaffungswesen des Bundes wird die Einhaltung der Lohngleichheit seit neuestem überprüft; allerdings, weil der Bund sparen müsse, nur in wenigen Stichproben pro Jahr. Auf der Homepage des Eidgenössischen Büros für Gleichstellung können Firmen gratis den dort verwendeten Lohngleichheits-Test namens «Logib» herunterladen und selbst diskret über ihre Personaldaten laufen lassen. Zudem ist ein juristischer Ratgeber erschienen, der Unklarheiten bei der Bewertung und Messung ausräumt. Neu soll es mit «Equal Salary» auch ein Label geben, wofür sich Firmen bewerben können, um sich bescheinigen zu lassen, dass bei ihnen in Sachen Lohngleichheit alles zum Besten steht. Wenn Fachpersonal knapp wird, soll das beim Wettrennen um qualifizierte Frauen ein Vorteil sein.

Die berufliche Durchmischung ist nach wie vor klein

Auch wenn diese Bemühungen fruchten, bleibt viel zu tun für einen glücklichen Ausgang unserer Geschichte. Es gilt Benachteiligungen bei Karriereplanung, betrieblich bezahlter Weiterbildung und Beförderung auszuräumen, die berühmte gläserne Decke zu durchbrechen, an die Frauen auf dem Weg nach oben stossen. Leichter ginge dies, wenn die berufliche Durchmischung zunähme. Doch noch heute wählen junge Frauen trotz gleichwertiger Qualifikation überwiegend Frauenberufe und junge Männer Männerberufe. Es gilt zudem, sexuelle Belästigung am Arbeitsplatz nicht länger als Kavaliersdelikt durchgehen zu lassen. Das Gleichstellungsgesetz ermöglicht bereits, gegen Betriebe vorzugehen, die ihre Beschäftigten davor nicht schützen. Vor allem in der Westschweiz wird das auch getan. Dort hat diese Diskriminierungsart zu mehr Klagen geführt als Lohnungleichheit. Neuerdings sind es auch nicht mehr nur die Gleichstellungsbüros, die sich um sexuelle Belästigung kümmern. Das Staatssekretariat für Wirtschaft (Seco) lässt derzeit erheben, wie weit verbreitet das Phänomen in den Schweizer Betrieben ist.

Dahinter steht das salonfähig gewordene Interesse, mehr Frauen in der Erwerbsarbeit zu halten. Der Staat, so wird argumentiert, brauche sie, um in Zeiten zunehmender Bevölkerungsalterung die AHV zu sichern. Die Wirtschaft, heisst es, brauche sie, um den Mangel an Fachkräften auszugleichen, der durch die nachkommenden geburtenschwachen Jahrgänge entsteht. Dass das zu Grunde liegende Problem der Gebärunfreudigkeit von immer mehr Frauen selbst auf eine verfehlte Gleichstellungs- und Familienpolitik zurückgehen könnte, ist dagegen kaum einen Gedanken wert.

Das Seco hat auch eine Zweifrauabteilung «Vereinbarkeit Beruf und Familie» eingerichtet, die der Wirtschaft zunächst vorrechnen liess, dass Familienfreundlichkeit rentiert. Jetzt hat sie ein «Handbuch Beruf und Familie» für kleine und mittlere Betriebe publiziert. Denn für die Kleinen waren die bestehenden Familienfreundlichkeitsprogramme aus der Work-Life-Balance-Literatur stets eine Nummer zu gross. Beworben wird das gratis an Betriebe abgegebene Handbuch mit dem Slogan «Steigern Sie Ihren Gewinn!» auch mit der Unterstützung von Arbeitgeber- und Gewerbeverband.

Erwerbsquote hoch – Pensen klein

Schon davor begann die Erwerbsquote der Frauen – und hier vor allem der Mütter mit kleinen Kindern – markant zu steigen. Je nach Alter der Kinder sind heute 67 bis 80 Prozent der Mütter in Paarhaushalten erwerbstätig. Das ist im internationalen Vergleich ein Spitzenwert. Aber die Mütter haben überwiegend kleine Pensen. Sie steuern durchschnittlich keine 20 Prozent zum Haushaltseinkommen bei. Das ist im internationalen Vergleich wiederum sehr wenig. Die Väter dagegen sind nach wie vor nie zu so hohen Pensen beschäftigt wie wenn sie kleine Kinder haben.

Die Frauen haben sich also ein Stück bewegt, aber die Männer nicht. Dabei zeigte der «Mikrozensus Familie» des Bundesamts für Statistik schon Mitte der 1990er-Jahre, dass junge Frauen wie Männer in der Schweiz überwiegend wünschen, sich Beruf und Familie partnerschaftlich zu teilen. Ein Resultat war auch, dass die Paare später weniger Kinder haben, als sie eigentlich gewollt hätten. Es hapert offensichtlich mit der Vereinbarkeit.

Zu Recht geht die Politik davon aus, dass die Infrastruktur für die Kinderbetreuung auszubauen ist, wenn die Frauen höhere Erwerbspensen übernehmen sollen. Die Kosten hemmen aber die gewünschte Umsetzung. Zwar ist längst vorgerechnet, dass Kindertagesstätten sich volkswirtschaftlich lohnen. Doch der Gewinn geht nicht in die gleiche Kasse. Bund und Kantone kassieren ohne grossen Eigenaufwand mit. Auch Stimmvolk und Steuerzahlende werden immer älter und müssten diese Umverteilung an die Jungen akzeptieren. Viele Politiker kommen zum Schluss, am einfachsten wäre, die Kosten würden möglichst sinken: Was braucht es so grosse Räume und Fensterflächen für so kleine Kinder? Warum geschultes Personal für das, was jede Grossmutter auch kann? Die Frage liesse sich für jede Primarschule analog stellen, doch das tut keiner.

Obschon also bekannt ist, dass die frühen Jahre besonders prägend sind und der Krippenbesuch zum Beispiel mitentscheidet, ob ein Kind aus bildungsfernen Schichten bessere Schulchancen hat als seine Eltern und dereinst weniger armutsgefährdet sein wird, hat eine gute Erziehung in den frühen Jahren keinen Wert. Sie war schliesslich bislang unbezahlte Frauenarbeit. Der Staat, so der stets repetierte Glaubenssatz, muss sparen. Wer hohe Betreuungsstandards will, soll selbst zahlen. Und für die wirklich Armen gibt es einen gestuften Tarif. Der Effekt ist, dass sich Frauenerwerb nicht lohnt. Für die Armen nicht, weil sonst die Krippentarife steigen. Und für die Bessergestellten nicht, weil die bereits hohen Tarife den Verdienst empfindlich schmälern.

Ein von der Politik völlig ignoriertes Problem ist die Unterbeschäftigung. Immerhin weist das Bundesamt für Statistik diese Zahl seit einigen Jahren aus. Sie gibt an, wie viele Teilzeitbeschäftigte (zu 80 Prozent Frauen) gerne höhere Pensen übernähmen. Dieser Anteil ist vor allem bei Frauen mit Kindern beträchtlich. Er lag 2003 über 20 Prozent, bei den Vätern dagegen um zwei Prozent. Das heisst: Eigentlich wären viele Frauen bereits heute gerne mehr in die Erwerbswelt integriert, finden aber die Möglichkeit dazu nicht, was natürlich wiederum mit dem Part, den sie in der Familie übernehmen, zu tun hat. Wer eine familienkompatible Arbeit findet, bezahlt das oft mit prekären Arbeitsverhältnissen.

Cash und Care

Die ungleiche Lage der Geschlechter in der bezahlten Arbeit, der *Arbeit gegen Cash*, ist also nicht zu trennen vom unterschiedlichen Engagement in der unbezahlten Arbeit, der *Care-Arbeit*. Die Analyse müsste beides in den Blick nehmen. In der volkswirtschaftlichen Gesamtrechnung aber taucht unbezahlte Arbeit schlicht nicht auf, gilt also als irrelevant für den Wohlstand einer Nation. Ein grosser Teil der Frauenarbeit wird ausgeblendet. Das hat seine eigene Geschichte: Arbeitsteilung und Geschlechterkonstruktionen – was eine Frau angeblich von einem Mann unterscheidet – gehören historisch eng zusammen. Doch unter Ausblendung der unbezahlten Arbeit lässt sich letztlich auch keine Gleichstellung der Frauen im Erwerbsleben erreichen.

Der einseitigen Sicht hat die feministische Ökonomie einen umfassenderen Analyserahmen gegenüber gestellt (vgl. Abbildung). Die Wirtschaft besteht aus einem bezahlten und einem unbezahlten Sektor, die eng verzahnt sind. Die unbezahlte Ökonomie ist für die bezahlte nicht nur deshalb wichtig, weil sie für das gesundheitliche Wohl und die Erziehung der Arbeitskräfte sorgt, sondern auch als Fabrikationsstätte des Sozialen: Sie produziert Gemeinschaftssinn, Verantwortungsgefühle und Normen, die Vertrauen und Goodwill erlauben, und auf die sich die soziale Ordnung stützt. Obwohl die Arbeit unbezahlt ist, braucht dieser Sektor für seine Outputs Konsum- und Investitionsgüter aus dem Privatsektor und den Infrastrukturservice des öffentlichen Sektors.

Warum sind Leute bereit, gratis zu arbeiten? Sicher nicht, weil es Frauen quasi naturgegeben ist, sich in der Reproduktion für die kapitalistische Produktion zu engagieren. Der Grund liegt in dem, was der unübersetzbare Begriff *Care* meint. Das sich Kümmern und sich Sorgen um sich und andere. Der Arbeitsanreiz ist bei Care nicht oder nicht unbedingt monetär, sondern basiert auf emotionaler Nähe und Verantwortungsgefühlen, die ihrerseits auf geschlechtsspezifischen Normen basieren. Care ist nicht immer unbezahlt, aber unbezahlte Arbeit hat fast immer einen Bezug zu Care. Care-Arbeit und menschliche Beziehung hängen also eng zusammen. Dies ist gleichzeitig der Grund dafür, dass die Arbeit nicht beliebig de-

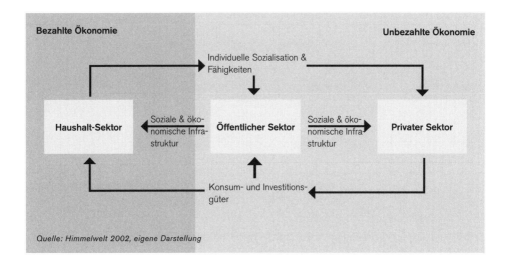

Quelle: Himmelwelt 2002, eigene Darstellung

legiert werden kann. Nehmen wir das Beispiel Kinderbetreuung: Gewisse Aspekte können durchaus andere übernehmen, aber die Verantwortung für die Beziehung, ihre Pflege und Entwicklung sind personengebunden. Persönliche Beziehungen können nicht auf beliebig viele Personen verteilt werden und immer gleich persönlich bleiben. Sparen von Care-Zeit kann in diesem Sinne kein Ziel der Wirtschaftspolitik sein.

Wer den Care-Service des unbezahlten Sektors reduziert ohne Ersatz dafür in der bezahlten Ökonomie zu schaffen, nimmt Verschlechterungen in Kauf bei der Bildung von individuell akkumuliertem Humankapital und der oben erwähnten Fabrikation des Sozialen, was sich beides auf die Produktivität der bezahlten Wirtschaft auswirkt. Eine Politik, die davon ausgeht, alle nicht in Erwerbsarbeit investierte Zeit sei eine kostenlose Ressource für die Wirtschaft, führt zu einer verzerrten Verteilung der Ressourcen und zu ineffizienten gesamtwirtschaftlichen Resultaten. Unbezahlte Arbeit in bezahlte umzuwandeln ist nicht kostenlos. Kosten und Nutzen sind abzuwägen.

Wo lassen sich in unserem Schema geschlechtsspezifische Ungleichheiten festmachen? Sie bestehen einerseits innerhalb jedes einzelnen Sektors (die unbezahlte Arbeit ist ungleich verteilt, in der Arbeitswelt bestehen geschlechtsspezifische Unterschiede usw.). Sie bestehen andererseits aber auch in der Verteilung der Arbeitszeit auf die einzelnen Sektoren und bei allen Beziehungen zwischen den Sektoren, die in der Abbildung mit Pfeilen eingezeichnet sind (geschlechtsspezifische Erziehung, Infrastruktur zur Vereinbarkeit von Familie und Beruf, ungleicher Zugang zu Konsum- und Investitionsgütern aus dem Privatsektor).

Die Politik zielt auf die bezahlte Ökonomie. Das ist mit zwei Problemen verbunden: Erstens einem *Ungleichheitsproblem*, das aus Gerechtigkeitsüberlegungen anzugehen ist. Zweitens einem *Effizienzproblem:* Unbeabsichtigte Wirkungen auf die unbezahlte Ökonomie und geschlechtsspezifische Verhaltensreaktionen können die Effizienz jeder Politik begrenzen. Ein konsequentes Zusammendenken von bezahlter und unbezahlter Arbeit hat Konsequenzen für die Arbeitsmarkt- und Sozialpolitik, die gleichstellungsrelevant sind. Es braucht neue Antworten auf wichtige Kernfragen:

Wann sind die Arbeitsverhältnisse gut?

Die bestehenden Antworten helfen hier bedingt weiter. In der *traditionell gewerkschaftlichen Sichtweise* stand der Schutz des auf den Mann zugeschnittenen Normalarbeitsverhältnisses im Zentrum mit dem Zweck, Ernährerlöhne sicherzustellen. Das hatte historisch einen ausgrenzenden Effekt auf die Frauen. Die Gewerkschaften haben sich im Rahmen ihrer Gleichstellungsengagements mit dieser Problematik auseinandergesetzt. Die Abwehr von Teilzeitarbeit haben sie aufgegeben, und Frauen dürfen während einer *Familienpause* organisiert bleiben. Aber das zu Grunde liegende Spannungsverhältnis ist trotzdem nicht aus der Welt geschafft. Neue Konfliktthemen in diesem Kontext sind die Flexibilisierung der Arbeitsverhältnisse und das gewerkschaftliche Desinteresse an Vereinbarkeitsfragen.

In der *traditionell volkswirtschaftlichen Sichtweise* ist gute Arbeit gleich Leistung, ohne dass klar wäre, wie diese gemessen wird (Stichwort Managerlöhne). Offizielles Hauptkriterium ist die Produktivität der Arbeit, also der Mehrwert. Der Produktivitätsfortschritt – so eine in Gesamtarbeitsvertrags-Verhandlungen wichtige Faustregel – kann in Form von Lohnerhöhungen weitergegeben werden. Doch auch dieser Begriff ist nicht frei von Wertungsfragen. Ein Problem besteht darin, dass das Potenzial für Produktivitätserhöhungen bei Care-Arbeit tiefer ist als bei technisch geprägten und automatisierbaren Tätigkeiten. Zudem besteht bei der Messung der Produktivität keine Kostenwahrheit, da die Inputs aus der unbezahlten Ökonomie nicht mitgezählt werden.

Die *Personalmanagement-Strategie*, mit Menschlichkeit mehr aus den Menschen herauszuholen, indem ihnen eine angenehme, aber herausfordernde Erwerbsumgebung geboten wird (flache Hierarchien, Team) und dies nachhaltig (familienfreundliche Massnahmen,

Work-Life-Balance), bietet Frauen in vielen Situationen mehr als die real existierenden Gewerkschaftsaktionen. Das Interesse ist jedoch weitgehend auf die Qualifizierten beschränkt, da Tiefqualifizierte leicht zu ersetzen sind.

Nur ein *feministisch ökonomischer* Ansatz fragt: Gelten die guten Arbeitsverhältnisse auch für die unbezahlte Arbeit? Wie wirken sich die Verhältnisse in der bezahlten Ökonomie auf die unbezahlten Tätigkeiten aus? Durchlässigkeit und Vereinbarkeit sind die entscheidenden Themen. Daraus ergeben sich Mindeststandards, die sonst eher vergessen gehen:

– Existenzsicherung: Wer Vollzeit arbeitet – bezahlt oder unbezahlt – soll von seiner Arbeit leben können.

– Anschlussfähig an Tätigkeiten im unbezahlten Sektor: Die Vereinbarkeitsdiskussion wird bislang häufig in dem Sinne geführt, dass der unbezahlte Sektor (nicht oder kaum erwerbstätige Mütter, selten Väter) durch entsprechende Infrastrukturleistungen (Kinderbetreuungsplätze) anschlussfähig an den bezahlten Sektor werden müsse. Hier wäre auch die umgekehrte Sicht gefragt: Die Arbeitswelt muss anschlussfähig werden an Tätigkeiten im unbezahlten Sektor, die typischerweise charakterisiert sind durch hohe Verlässlichkeitsanforderungen, Koordinationsprobleme und Unvorhergesehenes.

– Dynamische Beurteilung: Viele haben als Ferien- oder Temporärjob irgendwann in ihrem Leben sogenannte McJobs mit hohem Arbeitstempo, aber wenig anforderungsreichen Arbeitsinhalten, schlechten Arbeitsbedingungen und tiefen Löhnen gehabt. In einer Lebenslaufsperspektive gibt es Momente, in denen eine solche Arbeit nichts Schlimmes darstellt. Eine ganz andere Geschichte ist es, lebenslänglich auf solche prekären Jobs beschränkt zu bleiben. Neben Personen mit Vereinbarkeitsproblemen trifft diese Gefahr auch Personen mit tiefer Bildung. Entscheidend ist: Wie schaffen wir Perspektiven für Leute in diesen Jobs? Heute existiert in der Schweiz so gut wie kein für Tiefqualifizierte zugängliches Bildungs- und Weiterbildungssystem. Die Einrichtung entsprechender Institutionen scheint in Skandinavien besser zu gelingen und ein völliges Absacken der bereits tiefen Löhne zu verhindern.

Was ist Vollbeschäftigung für alle?

Dieser Begriff ist gleichzeitig sehr wichtig und sehr überholt. Es gilt, ihn neu zu besetzen und mit Inhalt zu füllen. Schliesslich waren in der Realität nicht nur die Schweizer Männer, die der Begriff meint, voll beschäftigt, sondern auch ihre unbezahlten Frauen, die zusammen mit beliebig mobilisier- und abschiebbaren Ausländerinnen und Ausländern die so genannte Reservearmee bildeten. Sie haben die Vollbeschäftigung der Schweizer Männer über eine historisch kurze Periode erst ermöglicht. Die wenigsten Frauen werden sich nach dieser Zeit zurücksehnen. Ein Stück weit sind die gestiegenen Arbeitslosenquoten ja auch als Abbau der versteckten Erwerbslosigkeit interpretierbar. Die Frage stellt sich also: Was meinen wir heute mit Vollbeschäftigung? Ein paar Überlegungen:

– Erwerbslosigkeit, nicht Arbeitslosigkeit ist das Problem: Dies ist in einem doppelten Sinn gemeint. Erstens erfasst die Erwerbslosenstatistik die nicht erwerbstätigen Personen, die von sich selbst sagen, dass sie einen Erwerb suchen und nicht finden, die Arbeitslosenquote dagegen orientiert sich an der Versicherungsstatistik. Sie ist auch deshalb deutlich tiefer, weil die Arbeitslosenversicherung viele ausgrenzt. Zweitens meint die Gegenüberstellung auch, dass nicht die Inexistenz von Arbeit im Allgemeinen, sondern von bezahlter Arbeit das Problem ist.

– Unterbeschäftigung gehört mit in den Fokus: Die Arbeitsmarktprobleme sind nicht für alle gleich. Besonders grosse Probleme haben neben Tiefqualifizierten Personen, die Betreuungspflichten mit dem Beruf zu vereinbaren haben. Das Bundesamt für Statistik weist Zahlen zum «Arbeitsmangel nach Geschlecht» aus (Erwerbslose und Unterbeschäftigte). Danach waren 2005 400 000 Frauen gegenüber 173 000 Männern von Arbeitsmangel betroffen. Dies ruft nach einer geschlechtsspezifischen Beschäftigungsstrategie.

– Was heisst volle Integration der Frauen in die Erwerbsarbeit? Arbeiten Frauen weiter Teilzeit, soweit es die Familie zulässt, und Männer Vollzeit? Oder geht es um die gleichberechtigte Integration? Ist die neue Norm, dass Frauen wie Männer erwerbstätig sein müssen oder sollen beide tatsächlich und nicht bloss theoretisch die gleiche Wahlfreiheit haben? Und wie spielt ein vollbeschäftigter Arbeitsmarkt mit der Care-Ökonomie zusammen? Hilft ein Heer von weiblichem Krippen- und Dienstpersonal zu Tiefstlöhnen, die Geschlechtersegregation bei den Bessergestellten zu überwinden?

– Gleichstellungspolitik ist Beschäftigungspolitik: Eine konsequente Gleichstellungspolitik ist beschäftigungswirksam nur schon durch die notwendige Verlagerung von bisher unbezahlten Tätigkeiten in die bezahlte Ökonomie. Eine konsequente Gleichstellungsstrategie gibt jedoch auch wesentlich mehr und vielfach gut qualifizierten Menschen Möglichkeiten in die Hand, wirtschaftlich zu handeln und Unternehmensgeist zu entwickeln. Weil Geschlechterungleichheiten zudem unerwünschte Verzerrungen in der Wirtschaft produzieren, ist Gleichstellung nicht nur eine Frage der Gerechtigkeit, sondern auch der wirtschaftlichen Effizienz.

Geht es uns besser, wenn wir alle möglichst viel bezahlt arbeiten?

Wahrscheinlich würden die meisten das nicht vorbehaltlos unterschreiben. Folgende Punkte scheinen mir wichtig:

– Jede Aufteilung von bezahlter und unbezahlter Arbeit hat Verteilungswirkungen: Erwerbsarbeit ist in unserem Land für die breite Bevölkerung (ohne die Superreichen) der primäre Mechanismus für die Verteilung von Wohlstandschancen. Der Zugang zu Erwerbsarbeit für alle ist zentral, wenn wir nicht eine Zweiklassengesellschaft anstreben. Es entspricht auch den Wünschen der meisten Mütter, erwerbstätig zu sein. Wie sehr Arbeit sich lohnt, hängt am stärksten vom Bildungsniveau einer Person ab. Mit anderen Worten: Arbeitsmarkt- und Bildungspolitik sind die zwei primären Verteilungspolitiken.

– Nichterwerbstätige sind kein frei verfügbares Arbeitsmarktspotenzial: Die Idee, Mütter seien ein brachliegendes Potenzial, übersieht die Kosten, die für einen Haushalt durch den Abbau unbezahlter Arbeit entstehen.

– Verschiebungen zwischen unbezahltem und bezahltem Sektor sind auch gesellschaftlich gesehen nicht gratis: Wer den Care-Service des unbezahlten Sektors reduziert, ohne Ersatz dafür zu schaffen, nimmt Verschlechterungen in Kauf bei der Bildung von individuell akkumuliertem Humankapital und der Fabrikation des Sozialen. Gesellschaftliche Kosten und Nutzen sind abzuwägen.

– Das Problem ist nicht die Menge unbezahlter Arbeit, sondern ihre Verteilung und die Existenzsicherung: Gewisse unbezahlte Arbeiten, wie das Bügeln von Taschentüchern, die früher zum Hausfrauen-Standard gehörten, lassen sich problemlos wegrationalisieren. Aber eine Reduktion der eigentlichen Care-Arbeit kann kein Ziel sein. Zeit mit den Kindern und der Familie verbringen zu können, ist eine Errungenschaft früherer Generationen, die wir nicht leichtfertig aufs Spiel setzen sollten. Die Forderung von Bezahlung bislang unbezahlter Arbeit ist gleichzeitig zweischneidig, weil sie wiederum zu einer Zweiklassengesellschaft führen kann. Entscheidender ist, wie die unbezahlte Arbeit so verteilt wird, dass alle die Chance haben, ihre Existenz zu sichern. Hier fehlen bislang die Gewerkschaftskampagnen zur Verbesserung der Arbeitsbedingungen doppelbelasteter Mütter und zu ihrem Schutz vor innerfamiliärer Ausbeutung. Das sogenannte Dual Earner-Konzept (als Ersatz des Alleinernährermodells) und die dafür notwendigen arbeits- und sozialpolitischen Rahmenbedingungen sind bislang auch in der Linken wenig durchdacht.

Ist die Verteilung von bezahlter und unbezahlter Arbeit überhaupt eine Geschlechterfrage?

Ja und nein. Ja, denn bezahlte und unbezahlte Arbeit sind ungleich zwischen den Geschlechtern verteilt. Und nein, denn unbezahlte Arbeit gälte es auch dann zu erledigen, wenn sie gleichmässig auf die Geschlechter verteilt wäre. Wichtig scheint, wegzukommen von der Frau als Sonderfall (Förderobjekt, Hilfsbedürftige, Heilsversprechen). Die Frage ist vielmehr, wie die Rahmenbedingungen aussehen müssen, die diesen Teil ihrer Benachteiligung aufheben.

Wie lässt sich eine Zweiteilung der Gesellschaft in Insider und Outsider vermeiden?

Das ist eine der Kernfragen schlechthin. Nicht nur Marktprozesse haben hier unerwünschte Auswirkungen, sondern auch gut gemeinte Versuche, über gewerkschaftliche oder sozialstaatliche Massnahmen korrigierend einzugreifen. Die althergebrachten Rezepte sind kritisch zu hinterfragen:

– Flexibilisierung oder Schutz: Die Arbeitsmarktflexibilisierung, also die Bewegung weg vom alten, männlich geprägten Normalarbeitsverhältnis, sollte nicht in Bausch und Bogen verteufelt werden. Flexibilisierung kann die Eintrittsschwelle für nicht bereits etablierte Gruppen auf dem Arbeitsmarkt senken und die Vereinbarkeit erleichtern. In diesem Sinn wird ein feministisch-ökonomischer Ansatz Flexibilisierung fordern. Entscheidend sind die Spielregeln, wie in flexiblen Arbeitsarrangements die Einkommens- und Beschäftigungsrisiken verteilt sind, ob die Flexibilitäts- und Schutzbedürfnisse der Arbeitnehmenden ebenfalls Gewicht haben und ob die Arrangements langfristige Entwicklungschancen bieten oder in berufliche Sackgassen führen.

– Durchlässigkeit des Arbeitsmarkts: Mechanismen der Integration und Ausgrenzung sind auch im Arbeitsmarkt wichtig. Es ist ja nicht so, dass die Flexibilisierungswelle alle erfasst. Vielmehr steht eine stabile, qualifizierte und vom Unternehmen gepflegte Stammbelegschaft mit guten Arbeitsbedingungen und Weiterbildungschancen (die Insider) einer weniger stark ans Unternehmen gebundenen, schlechter abgesicherten und oft, aber nicht notwendigerweise tiefer qualifizierten Beschäftigtengruppe gegenüber, die deutlich weniger Karrierechancen hat (die Outsider). Unüberlegte Schutzstrategien für Insider können sich als Barrieren für Outsider auswirken. Es gilt also immer zu beachten, wie weit der Schutz der einen Gruppe Beschäftigungs- und Entwicklungschancen der anderen verstellt.

– Abbau struktureller Rücksichtslosigkeit: Dieser Begriff stammt aus der Familienpolitik und bezeichnet die Indifferenz der Gesellschaft gegenüber der Frage, ob Personen

Verantwortung für Kinder übernehmen oder nicht. Auch die linke Politik denkt die Zeit- und Koordinationsprobleme oft nicht mit, die sich Eltern stellen.

– Gleicher Zugang, nicht Umverteilung als Fokus: Eine echte Verteilungspolitik muss die Arbeitsmarkt- und Bildungspolitik ins Zentrum stellen und nicht soziale Ausgleichsmassnahmen. Der Zugang zu Wohlstandschancen ist zentral und nicht, den Benachteiligten Brosamen vom Tisch der Bessergestellten zuzuhalten.

▬▬▬▬ Was für eine soziale Sicherung im Erwerbsalter ist nötig?

Der Schweizer Sozialstaat ist nach wie vor stark an traditionelle Arbeitsteilung und Erwerb angebunden, was zu grossen Ungleichheiten führt. Wir müssen die Systeme der sozialen Sicherung so umbauen, dass sie der sogenannten «Flexicurity» dienen. Der Begriff steht in der Reformdiskussion für eine flexible Absicherung von Personen in immer weniger kontinuierlichen Erwerbsbiografien, die nicht zu Verrentungen, dauerhaften Ausgrenzungen und in Armutsfallen führt.

Da das *skandinavische Modell* oft als Reformvorbild genannt wird, sollen ein paar Elemente daraus skizziert werden. Dieses Modell basiert stark auf der alten Idee der *social citizenship*, der Vorstellung also, dass die Leute nicht nur demokratische Mitwirkungsrechte im Staat haben, sondern auch das soziale Recht auf ein anständiges Leben. Der Staat steht gegenüber seiner Bevölkerung also anders in der Verantwortung. Da klar ist, dass er bei Problemen bezahlen muss, setzt er in seiner Sozialpolitik möglichst auf die billigere und wirksamere Prävention statt teure *Reparaturen* zu übernehmen. Er investiert also in seine Leute, die ihm gegenüber Rechte geltend machen können («social investment strategy»). Charakteristisch ist in den nordischen Ländern eine hohe Erwerbsbeteiligung bei hoher Flexibilität des Arbeitsmarkts. Denn nur, wenn möglichst viele ein Erwerbseinkommen erzielen, ist ein skandinavischer Wohlfahrtsstaat überhaupt finanzierbar.

In der *sozialen Absicherung* im Erwerbsalter bestehen drei Akzente: Erstens besteht eine allgemeine Einkommensgarantie, die als Rechtsanspruch ausgestaltet ist. Ein wichtiger Teil davon ist schon der 18-monatige Elternurlaub mit Arbeitsplatzgarantie. Das zweite Standbein besteht in einer Aktivierungs-, also Wiedereingliederungsstrategie, die stark auf Weiterbildung baut. Und drittens besteht begleitend eine ausgebaute Service-Infrastruktur (Kinderbetreuung, Spitex etc.), die von allen gratis oder zu günstigen Preisen in Anspruch genommen werden kann. Billig ist das skandinavische Modell nicht. Die Steuern sind hoch, aber dies hat sich allen Unkenrufen zum Trotz bislang auf die Wachstumschancen nicht negativ ausgewirkt.

Und die Moral für unsere Geschichte: Wer bis zum Happy-End durchhalten will, hat noch einige Kapitel vor sich. Unterschiedliche Interessen ziehen die Handlungsstränge in verschiedene Richtungen, geben unter Umständen aber auch neuen Drive. Ganz neu muss sie nicht erfunden werden, die Geschichte. Aber wie sie in der Schweiz laufen wird, darauf dürfen wir gespannt sein. Mitschreiben erlaubt.

Kurzarbeiten

Beat Gloor

In einem Büro werden die Blätter des Kalenders nicht mehr abgerissen. Tag für Tag kommen dieselben Leute, Tag für Tag werden dieselben Formulare mit denselben Eintragungen versehen, Tag für Tag kommen dieselben Telefonanrufe, Tag für Tag dieselben Pausengespräche, dieselben Zeitungen. Die Schuhe bleiben sauber, die Hemden unverschwitzt, kein Staub sammelt sich auf den Deckeln der Aktenordner. Es ist der 24. Februar, immer der 24. Februar, die ganze Arbeit muss an einem einzigen 24. Februar erledigt werden, ich glaube bald, die Welt ist am 24. Februar erschaffen worden.

Die US-Fastfoodkette McDonald's läuft Sturm gegen einen Wörterbucheintrag. Unter «McJob» schreibt Merriam-Webster: «Schlecht bezahlte Arbeit, die wenig Fähigkeiten erfordert und kaum Aufstiegsmöglichkeiten bietet.» Das sei eine «Ohrfeige für 12 Millionen Frauen und Männer, die jeden Tag in einem der 900 000 Restaurants in Amerika arbeiten», empörte sich Jim Cantalupo in einem Brief im Gewerkschaftsmagazin. McDonald's liess dann überprüfen, ob der Begriff «McJob» überhaupt in den amerikanischen Sprachgebrauch eingegangen ist. Der Fall ist hängig.

Aus dem Himmel meldet sich der liebe Gott: «Früher war es einfach, mit mir zu reden. Heute ist alles so kompliziert, die Welt läuft mir allmählich aus dem Ruder. Deshalb, Leute, wenn ihr etwas zu sagen habt, dann singt mir keine Hymnen und Choräle, faltet nicht die Hände zum Gebet, sucht mich nicht in der Stille und der Einsamkeit, dafür habe ich zu viele Termine, singt einander was, diskutiert, was geschehen soll, stellt selber etwas auf die Beine – so helft ihr mir bei der Arbeit.»

Weiterführende Literatur

Zweidrittelsgesellschaft

- Buss Notter, Andrea: Soziale Folgen ökonomischer Umstrukturierungen. Frankfurt 2006.
- Carigiet, E.; Mäder, U.; Opielka, M.; Schulz-Nieswandt, F. (Hrsg.): Wohlstand durch Gerechtigkeit. Deutschland und die Schweiz im sozialpolitischen Vergleich. Zürich 2006.
- Carigiet, E.; Mäder, U.; Bonvin, J.-M. (Hrsg.): Wörterbuch der Sozialpolitik. Zürich 2003.
- Mäder, U.; Streuli, E.: Reichtum in der Schweiz. Zürich 2002.
- Mäder, Ueli: Für eine solidarische Gesellschaft. Zürich 1999.

Arbeitszufriedenheit

- Fischer, L.: Arbeitszufriedenheit. Konzepte und empirische Befunde. Göttingen 2006.
- Gerber, M.; Wittekind, A.; Bannwart, M.; Grote, G.; Staffelbach, B.: Psychologischer Vertrag und Arbeitsplatz(un)sicherheit. In: Grote, G.; Staffelbach, B.: (Hrsg.), Schweizer HR-Barometer. Zürich 2007.

Prekäre Arbeitsverhältnisse

- Böhringer, Peter: Die neue Arbeitswelt. Flexibilisierung der Erwerbsarbeit und atypische Arbeitsverhältnisse. Zürich 2001.
- Henneberger, F.; Souza-Posa, A.; Ziegler, A.: Eine empirische Analyse der Arbeit auf Abruf in der Schweiz: Determinanten und ökonomische Bewertung dieser Beschäftigungsform. Studie im Auftrag des Seco. St. Gallen 2004.
- Keller, B.; Seifert, H.: Flexicurity – Wie lassen sich Flexibilität und soziale Sicherheit vereinbaren? Mitteilungen aus der Arbeitsmarkt- und Berufsforschung, 35. Jg., 2002.
- Klammer, U.; Tillmann K.: Flexicurity: Soziale Sicherung und Flexibilisierung der Arbeits- und Lebensverhältnisse. Forschungsprojekt im Auftrag des Ministeriums für Arbeit und Soziales, Quali-

fikation und Technolgie des Landes Nordrhein-Westfalen. Düsseldorf 2001.
- Marti, M; Osterwald, St.: Prekäre Arbeitsverhältnisse in der Schweiz, Studie im Auftrag der Aufsichtskommission für den Ausgleichsfonds der Arbeitslosenversicherung, seco Publikation Arbeitsmarktpolitik Nr. 9 (9.2003).

Arbeitslosigkeit und Aussteuerung
- Aeppli, D.; Hotz, C.; Hugentobler, V.; Theiss, R.: Die Situation der Ausgesteuerten. Bern 1996.
- Aeppli, D.; Hoffmann, B.; Theiss, R.: Ausgesteuerte in der Schweiz. Bern 1998.
- Aeppli, Daniel: Die Situation der Ausgesteuerten in der Schweiz – Die dritte Studie. Bern 2000.
- Aeppli, D.; Kälin, R.; Ott, W.; Peters, M.: Wirkungen von Beschäftigungsprogrammen für ausgesteuerte Arbeitslose. Forschungsprojekt des Schweizerischen Nationalfonds im Rahmen des Nationalen Forschungsprogramms 45 «Probleme des Sozialstaats». Zürich/Chur 2004.
- Aeppli, Daniel: Die Situation der Ausgesteuerten in der Schweiz – Vierte Studie im Auftrag der Arbeitslosenversicherung. Bern 2006.
- Curti, M.; Fontaine, P.: Aussteuerung: eine komplexe Realität. In: Die Volkswirtschaft, Nr. 10, Oktober 1999.

Migration und Arbeitsmarkt
- Egger, Th.; Bauer, T.; Künzi, K.: Möglichkeiten von Massnahmen gegen rassistische Diskriminierung in der Arbeitswelt. Eine Bestandesaufnahme von Problemlagen und Handlungsmöglichkeiten. Studie im Auftrag der Fachstelle für Rassismusbekämpfung des Eidgenössischen Departementes des Innern EDI. Bern 2003.
- Egger, Theres: Integration und Arbeit. Handlungsfelder, Akteure und Ansatzpunkte zur Besserstellung von Ausländerinnen und Ausländern auf dem Schweizer Arbeitsmarkt, Materialien zur Integrationspolitik. Hg. Eidgenössische Ausländerkommission. Bern 2003.
- Fibbi, R.; Lerch, M.; Wanner, Ph.: Die Integration der ausländischen zweiten Generation und der Eingebürgerten in der

Schweiz. Bundesamt für Statistik. Neuchâtel 2005.
- Haug, Werner (2005): Migranten und ihre Nachkommen auf dem Arbeitsmarkt: Ein Überblick, demos 2/2006. Bundesamt für Statistik, Neuchâtel 2005.
- Longchamp, C.; Aebersold, M.; Rousselot, B.: Sans Papiers in der Schweiz: Arbeitsmarkt, nicht Asylpolitik ist entscheidend. Schlussbericht im Auftrag des Bundesamtes für Migration. Bern 2005.
- Mahnig, H.; Piguet, E.: Die Immigrationspolitik der Schweiz von 1948 bis 1998. In: Wicker Hans-Rudolf; Fibbi. Rosita; Haug, Werner (Hrsg.): Migration und die Schweiz. Zürich 2003, 65-108.
- Niederberger, Josef Martin: Ausgrenzen, Assimilieren, Integrieren. Die Entwicklung einer schweizerischen Integrationspolitik. Zürich 2004.
- Spycher; St.; Detzel, P.; Guggisberg, J.; Weber, M.; Schär Moser, M.; Baillod, J.: Ausländer/innen, Erwerbslosigkeit und Arbeitslosenversicherung, Studie im Auftrag der Aufsichtskommission für den Ausgleichsfonds der Arbeitslosenversicherung, seco Publikation Arbeitsmarktpolitik Nr. 16. Bern 2006.
- Wanner, Philippe: Eidgenössische Volkszählung 2000. Migration und Integration. Ausländerinnen und Ausländer in der Schweiz. Bundesamt für Statistik. Neuchâtel 2004.

Gleichstellung der Geschlechter
- Bütler, Monika: Arbeiten lohnt sich nicht – ein zweites Kind noch weniger. Department of Economics, Universität St. Gallen, Discussion Paper No. 05. St. Gallen 2006.
- Müller Kucera, K.; Bauer, T.: Volkswirtschaftlicher Nutzen von Kindertagesstätten. Welchen Nutzen lösen die privaten und städtischen Kindertagesstätten in der Stadt Zürich aus? Im Auftrag des Sozialdepartements der Stadt Zürich. Zürich 2001.
- Prognos AG: Betriebswirtschaftliche Kosten-Nutzen-Analyse familienfreundlicher Unternehmenspolitik. Eine Studie bei ausgewählten Schweizer Unternehmen. Basel 2005.

- Schär Moser M.; Baillod, J.: Instrumente zur Analyse von Lohndiskriminierung. Orientierungshilfe für die juristische Praxis. Bern 2006.
- Staatssekretariat für Wirtschaft (Seco): KMU-Handbuch Beruf und Familie. Massnahmen zur Vereinbarkeit von Beruf und Familie in kleinen und mittleren Unternehmen. Bern 2007.
- Strub, Silvia: Lohnungleichheit und Lohndiskriminierung – aktuelle Entwicklungen aus ökonomisch-statistischer Perspektive. Aktuelle Juristische Praxis 2006, 1376–1383.
- Stutz, H.; Schär Moser, M.; Freivogel, E.: Evaluation der Wirksamkeit des Gleichstellungsgesetzes. Synthesebericht, im Auftrag des Bundesamts für Justiz. Bern 2006.
- Wetterer, Angelika: Arbeitsteilung und Geschlechterkonstruktion. «Gender at Work» in theoretischer und historischer Perspektive. Konstanz 2002.

Das Buch erscheint zum

Mit Unterstützung von

Hans und Lina Blattner-Stiftung

Dieses Buch ist nach den neuen Rechtschreiberegeln verfasst. Quellenzitate werden jedoch in originaler Schreibweise wiedergegeben. Hinzufügungen sind in [eckige Klammern] eingeschlossen, Auslassungen mit […] gekennzeichnet.

Lektorat: Bruno Meier, hier+jetzt

Gestaltung und Satz: Christine Hirzel, hier+jetzt

2007 hier+jetzt, Verlag für Kultur und Geschichte, Baden, www.hierundjetzt.ch

ISBN: 978-3-03919-051-5